Tatjanas Tiergeschichten

NAUTIKLADEN EBERBACH
ZOO HEIDELBERG.

Tatjana Geßler

Tatjanas Tiergeschichten

Unterwegs zu außergewöhnlichen Tieren in Baden-Württemberg

Das Buch zur Landesschau-Serie

Silberburg-Verlag

Umschlagfoto: Die Autorin mit Brillenpinguin in der Stuttgarter Wilhelma
(von Klaus Hennig-Damasko).
Foto Einbandinnenseite vorne: Mähnenrobbe im Heidelberger Zoo
(von Rose v. Selasinsky).
Foto Einbandinnenseite hinten: Auf Du und Du mit dem Wollschwein
(von Alexander Kluge).
Foto Seite 1: Mähnenrobbe in zirkusreifer Pose
(von Rose v. Selasinsky).
Fotos Umschlagrückseite von oben nach unten:
Niedlicher Bonobonachwuchs (von Dr. Wolfram Rietschel);
Waschbär im Heidelberger Zoo (von Rose v. Selasinsky);
Nashornbaby Shikari in der Stuttgarter Wilhelma (von Markus Koch);
Nachtreiher am Max-Eyth-See (von Hans-Jürgen Striegel).

Die Autorin:
Tatjana Geßler wurde in Heidelberg geboren. Die begeisterte Reiterin ist mit allerlei Vierbeinern wie Pferden, Hunden und Katzen aufgewachsen. Die Liebe zum Tier wurde ihr quasi in die Wiege gelegt, denn schon Vater, Großvater und Urgroßvater waren Tierärzte. Die Diplom-Wirtschaftsingenieurin hat bereits während ihres Studiums als Journalistin bei Zeitung und Radio gearbeitet. Anschließend war sie drei Jahre Werbetexterin in der renommierten Stuttgarter Werbeagentur L & K. Seit 1998 ist die TV-Journalistin Filmemacherin und Moderatorin beim SWR in Stuttgart. Seit 2001 moderiert sie die »Landesschau – die Woche«, ist im »Treffpunkt« und diversen Sondersendungen wie »Tour de Ländle« oder »Frühlingsreise« zu sehen. Sie war vier Jahre mit dem Landesschau-Mobil unterwegs und hat seit August 2005 innerhalb der Landesschau ihre eigene Rubrik: »Tatjanas Tiergeschichten«.

1. Auflage 2007

Umschlaggestaltung: Anette Wenzel, Tübingen.
Druck: Gulde-Druck, Tübingen.
Printed in Germany.

ISBN 978-3-87407-754-5

Besuchen Sie uns im Internet
und entdecken Sie die Vielfalt unseres Verlagsprogramms:
www.silberburg.de

Inhalt

Vorwort

Faultier Marlies aus der Stuttgarter Wilhelma mit Nachwuchs

»Tatjanas Tiergeschichten« laufen bei uns in der Landesschau des SWR Fernsehens immer dienstags, in der internen Sprachregel auf dem so genannten Top-Emo-Platz. Nicht nur Emotion pur, nein – die ins absolute gesteigerte Emotion ist da drin. Der Zuschauer kann gar nicht anders: Er ist absolut hingerissen von den singenden Alpakas, den Pinguinküken und von Lutz, dem Ameisenbär. Und Tatjana mittendrin. Top! Tierisch! Saugut! Ihr graut's vor nichts. Sie streichelt das Wollschwein und den Ochsenfrosch und hat unglaublich viel Spaß dabei. Ein Traumjob – sagt sie selbst. Wie wird ein Nasenbärbaby großgezogen? Warum heißt der Waschbär Waschbär? Das will man doch wissen – »Tatjanas Tiergeschichten« erklären es uns. Das Buch zur SWR Landesschau-Serie ist gleichzeitig ein Reiseführer durch Baden-Württemberg;: durch fast alle Zoos, Tierparks, Aquarien des Landes – ich sag Ihnen: Der ist tierisch gut, weil's darin einfach menschelt.

Landessenderdirektor
Dr. Willi Steul

Fummelnder Mini-Petz mit Ganovenmaske

»Sie müssen sich erst an euch gewöhnen! Nähert euch meinen Kleinen langsam und ruhig«, mahnt Tierpfleger Jörg Kubacki, als mein Team und ich vorsichtig das Waschbären-Gehege des Heidelberger Zoos betreten. Seinen Schützlingen hat er das allerdings nicht gesagt. Kaum macht er den Mund zu, ist buchstäblich der Bär los: Zwölf gierige Schnüffelnasen stürmen mit heller Begeisterung uns und unsere Ausrüstung. Hemmungslos zieht sich der erste kleine Fummler an meinem Hosenbein hoch und greift mir beidpfotig in die Hosentasche, um darin

Alles wird untersucht, auch die Tonangel.

Tiersteckbrief

Name: Waschbär oder Nordamerikanischer Waschbär.

Wissenschaftlicher Name: Procyon lotor.

Klasse: Säugetier.

Ordnung: Raubtiere.

Familie: Kleinbären.

Größe: Schulterhöhe 25 cm, Kopfrumpflänge zwischen 70 und 85 cm lang, Schwanzlänge 20 bis 25 cm.

Heimisch in: Mittel- und Nordamerika. Seit Mitte des 20. Jahrhunderts auch auf dem europäischen Festland und dem Kaukasus, nachdem der Waschbär aus Pelztierfarmen entkommen ist. Ebenso gibt es ihn auf kleinen karibischen Inseln. Als Neozoon lebt er in zahlreichen deutschen Städten (Waschbärenstadt Kassel). Ausgeprägte Stadtpopulationen findet man auch in Nordhessen, Südniedersachsen und im Harz.

Lebensraum: Gewässerreiche Misch- und Laubwälder, teilweise in Städten.

Anzahl Junge: Zwei bis fünf.

Nahrung: Allesfresser, pflanzliche Nahrung (Obst, Getreide, Nüsse, Beeren), Wirbellose (Insekten und Würmer) und kleine Wirbeltiere (Fische, Kleinsäuger, Amphibien), Vogeleier.

Tag-/Nachtaktiv: Vorwiegend dämmerungs- und nachtaktiv.

Lebenserwartung: Im Zoo bis zu 20 Jahre, in freier Wildbahn 12 Jahre.

Gefährdete Art: Nicht gefährdet, in Europa wird die Population auf über eine Million geschätzt.

gierig nach Futter zu wühlen. Die restliche Bande turnt derweil über Stativ und Mikrofonangel, belagert Ton- und Kameramann.

Sollten Sie jemals in die Verlegenheit kommen, diesen spitznasigen Schwerenötern zu begegnen, kleiner Tipp von mir: Lassen Sie sich nicht von ihren unschuldig dreinblickenden Knopfaugen täuschen! Dahinter lauern unbändiger Tatendrang und hohe Intelligenz!

Was für erstaunliche Kerlchen, die kleinen Nordamerikaner doch sind! Kein Kameramann, kein Baum ist den geschickten Kletterern zu hoch. Kein Wasser schreckt sie ab, sie durchschwimmen Seen und Flüsse und haben zu alledem auch noch ein exzellentes Gedächtnis.

Während ich vergeblich versuche, der aufdringlichen Horde Herr zu werden, erläutert mir Sandra Reichler, die Pressesprecherin des

Kaum im Gehege, werden wir von den Waschbären belagert.

Kameramann Gerhard Kienzler mit vorwitzigem Mini-Petz

Heidelberger Zoos, deren unglaubliche Fähigkeiten: »Waschbären gehören zur Familie der Kleinbären und ihre Intelligenz, ihr Forschungsdrang und ihr gutes Gedächtnis sind schon legendär. Um ihre Merkfähigkeit zu testen, haben Verhaltensforscher Futter in Kisten mit verschiedenen Schlössern gesteckt. Und obwohl die Bärchen komplizierte Mechanismen knacken mussten, um an die Leckereien zu kommen, hatten sie die ruck, zuck auf. Was die Wissenschaftler aber am meisten erstaunt hat: Selbst Wochen später konnten sich die Waschbären an die Kombinationen der einzelnen Schlösser erinnern.«

Kleiner Ganove im Glück

Neben uns hantiert ein Minipetz mit seiner frisch ergatterten Nuss in einer Wasserschale. Drückt vorsichtig die Beute unter Wasser, reibt sie und betastet sie mit seinen feingliedrigen Vorderpfoten, seinem wichtigsten Sinnesorgan. Selbst winzige Insekten, Krebschen, Muscheln und Schnecken kann der Waschbär mit ihnen am Grund kleiner Gewässer ertasten. Mit dieser Angewohnheit, in seichten Gewässern unter Steinen nach Futter zu fischen, hat er sich seinen Namen eingehandelt. Lange dachte man nämlich, er wäscht sein Futter. Dabei tastet er seinen Fang nur sorgfältig von allen Seiten ab, um sich ein genaues Bild von ihm zu machen.

Während sich die Kleinbären mit der Ganovenmaske gerade ein genaues Bild vom Geßlerschen Kopf nebst Sonnenbrille machen, lobt Sandra Reichler Nase und Ohren (nicht vom Geßlerschen Kopf, sondern die der Bären): »Die Allesfresser sind zwar farbenblind, aber sie riechen und hören sehr gut.«

Procyon lotor, so sein wissenschaftlicher Name, hört quasi die Regenwürmer unter der Erde husten. Sehr zum Leidwesen der schmackhaften Würmer. Und so entgehen auch die restlichen Nüsse in meiner Tasche, die sich eigentlich sehr ruhig verhalten, der verfressenen Horde nicht.

Die ganze Zeit frage ich mich, an wen oder was mich die trickreichen Räuber erinnern. Und als ob er meine Gedanken lesen würde, meint Jörg Kubacki, der Tierpfleger, schmunzelnd: »Mit ihren Ganovenmasken ähneln meine Lieblinge den Panzerknackern. Sie wissen schon, diese maskierten Comicfiguren, die auf ihren Raubzügen grundsätzlich erwischt werden. Mit einem großen Unterschied allerdings: Wenn meine kleinen Bären einen Überfall planen, sind sie immer erfolgreich!«

Waschbären sind sehr gute Schwimmer

Zoo Heidelberg

Die Waschbären im Heidelberger Zoo leben mit den Stachelschweinen in guter Gesellschaft und sind vor allem zur Fütterungszeit sehr gut zu beobachten.

Öffnungszeiten
Der Zoo hat täglich geöffnet.
März: 9 bis 18 Uhr. April bis September: 9 bis 19 Uhr. Oktober: 9 bis 18 Uhr. November bis Februar: 9 bis 17 Uhr. Letzter Einlass ist eine halbe Stunde vor Schließung.

Fütterungszeiten
Stachelschweine/Waschbären:
15.45 Uhr.

Kontakt
Zoo Heidelberg
Tiergartenstraße 3
69120 Heidelberg
Telefon (0 62 21) 64 55 10
Internet: www.zoo-heidelberg.de

Fauna Wildpark Bad Mergentheim

Waschbären gibt es unter anderem auch im wunderschönen Fauna Wildpark in Bad Mergentheim.

Öffnungszeiten
Mitte März bis Mitte November täglich von 9 bis 18 Uhr geöffnet.
Letzter Einlass 16.30 Uhr.
Mitte November bis Mitte März geöffnet an allen Samstagen, Sonntagen und Feiertagen ab 10.30 Uhr bis zum Einbruch der Dunkelheit.
Letzter Einlass 16 Uhr.

Kontakt
Fauna Wildpark (an der B 290)
97980 Bad Mergentheim
Telefon (0 79 31) 4 13 44
Internet: www.wildtierpark.de

Wildparadies Tripsdrill

Und auch im Wildparadies Tripsdrill lassen sich Waschbären beobachten.

Öffnungszeiten
Das Wildparadies Tripsdrill hat von Ende März bis Anfang November täglich von 9 Uhr an geöffnet.
Außerhalb der Saison auch an Wochenenden, Ferien- und Feiertagen von 9 bis 17 Uhr.

Kontakt
Erlebnispark Tripsdrill GmbH
74389 Cleebronn/Tripsdrill
Telefon (0 71 35) 9 99
Internet: www.tripsdrill.de

Knicksender Kobold in Wohnungsnot

Man kann noch so hübsch aussehen, noch so lieb dreinschauen, wenn die Stimme unheimlich klingt, ist das Image schnell ruiniert. Was vermeintliche Popsternchen dieser Tage in Casting-Shows erfahren, davon kann der Steinkauz schon lange ein Lied singen. Kaum hatte der niedliche Kerl den Schnabel aufgemacht, war er verschrien: als Hexenvogel, Vogel des Unheils und der Finsternis.

Nur wenige Fernsehkrimis verzichten auf seinen gellenden »Kuwitt«-Schrei. Jahrhundertelang wurde der als »Komm mit, komm mit!«, als Vorbote eines nahen Todes gedeutet. Liegt einer im Sterben, so der Aberglaube, kommt der Steinkauz als Todesbringer ans Fenster. Tatsächlich interessieren den dort aber lediglich die sich im Licht tummelnden Insekten, leichte Beute, die er von der Scheibe pickt.

Die Zeiten, in denen das als Klopfen des Todes gedeutet wurde, sind längst vorbei. Heute muss sich das einst als »Leichenhuhn« verschriene Kerlchen um sein eigenes kleines Vogelleben sorgen. Denn die bekannteste kleine Eule Mitteleuropas leidet unter akuter Wohnungsnot. Hohle Stämme alter Obstbäume werden in Zeiten von Flurbereinigung und Abholzung knapp. In der heutigen Landwirtschaft gelten solche Bäume als störend und unproduktiv und werden gefällt. Das steigert den Ertrag und macht den Steinkauz obdachlos.

Fasziniert vom niedlichen Eulenzwerg, dem Steinkauz

In Baden-Württemberg hat er aber noch Glück. Denn wie hier, in Fellbach-Öffingen, gibt es noch zahlreiche Streuobstwiesen und unermüdliche Naturschützer wie Michael Eick, die den Eulenzwerg zusätzlich mit Nistkästen versorgen.

»Unsere ›Sozialwohnungen‹ nimmt der Kauz gerne als Versteck und Bruthöhle an«, erklärt mir der Vogelexperte, lehnt seine Leiter an einen alten Apfelbaum, klettert hinauf und greift mit einer Hand beherzt in einen kotverschmierten Nistkasten, um einen rundlichen, verfilzten Ballen ans Tageslicht zu befördern. »Das ist Gewölle«, weiß Michael Eick, »unverdauliche Nahrungsreste. Dort, wo der Steinkauz einen Großteil des Tages verschläft, hinterlässt er nach typischer Eulenmanier seine Visitenkarte.«

Wie alle Eulen verputzt der Steinkauz seine Beutetiere mit Haut und Haaren. Die unverdaulichen Teile – Knochen, Federn und Insektenpanzer – presst er im Magen zu einem handlichen Ballen zusammen, um ihn ein paar Stunden später auszuwürgen, was recht lustig aussieht. Dabei reißt der Steinkauz seinen Schnabel weit auf, trippelt von einem Bein aufs andere, kneift die Augen fest zusammen, würgt und schüttelt sich, bis er sein Gewölle los ist.

Michael Eick und Kameramann Hubert Ersinger am Nistkasten

Tiersteckbrief

Name: Steinkauz.
Wissenschaftlicher Name: Athene noctua.
Klasse: Vögel.
Ordnung: Eulen.
Größe: Mit etwa 23 cm Körperlänge nicht ganz amselgroß, Flügelspannweite 55 bis 60 cm.
Heimisch in: Der Steinkauz lebt in Europa, Nord- und Nordostafrika sowie im Süden und Westen Asiens. In Mitteleuropa ist sein Brutvorkommen ziemlich lückenhaft, und in den meisten Gebieten ist der Steinkauz recht selten geworden. In Deutschland ist er vor allem in Baden-Württemberg, in Nordrhein-Westfalen im Bereich des Niederrheins und im Münsterland verbreitet.
Lebensraum: Streuobstwiesen, Gärten mit alten Bäumen, Parkanlagen.
Anzahl Junge: Drei bis fünf Eier.
Nahrung: Feldmäuse, kleine Säuger, Vögel, Jungschlangen, Eidechsen, Käfer, Regenwürmer, Grillen.
Tag-/Nachtaktiv: Tag- und nachtaktiv.
Lebenserwartung: Bis zu 15 Jahre.
Gefährdete Art: Auf der Roten Liste gefährdeter Arten. In manchen Gegenden vom Aussterben bedroht oder bereits ausgestorben. Der Steinkauzbestand geht in Deutschland zurück, in Baden-Württemberg ist durch viele Streuobstwiesen und das Engagement von Naturschützern der Bestand gesichert.

Michael Eick greift nochmal in den Nistkasten. Und wieder zieht er kleine, rundliche, verfilzte Ballen heraus. Diesmal aber mit Augen, Schnäbeln und Füßchen dran: vier entzückende Steinkauzküken!

»Was sagen eigentlich die Eltern dazu, wenn du ihre Küken aus dem Nistkasten holst?«, möchte ich wissen.

»Die Kauzeltern beobachten das Geschehen und sitzen hier irgendwo versteckt in den Bäumen. Sie behalten den Brutplatz ganz genau im Auge, würden es aber nie wagen anzugreifen. Vor unserer Übermacht strecken sie die Waffen.«

Keine vier Wochen alt sind die niedlichen Knäuel. Nur dieses eine Mal werden sie von dem geschulten Experten ausnahmsweise aus dem Nistkasten geholt: um sie zu wiegen, zu messen und zu beringen. Ich freue mich riesig, dass ich dabei helfen darf. Vorsichtig setzen wir die Nestlinge in kleine Eimerchen, damit sie nicht davontippeln. Zu spät. Schon startet ein besonders vorwitzi-

Eine Handvoll Steinkauzküken

Bald wird aus dem kleinen Nestling ein Ästling.

ges Eulchen spontan einen kleinen Ausflug über Michael Eicks Hemd.

Einmal im Jahr hat das Steinkauz-Weibchen zwischen drei bis fünf Junge. Nach 35 Tagen »Nestlingsdasein« verlassen sie als so genannte »Ästlinge« die Bruthöhle und werden dann noch über einen Monat von der Mutter mit Insekten und Mäusen versorgt. Sie können dann zwar noch nicht fliegen, aber umso beeindruckender im Blattwerk rumkraxeln. Oder über Hemden! Michael legt dem kleinen Ausreißer sanft einen Ring um das Füßchen. »Wozu machst du das?«, frage ich.

»Für uns Naturschützer ist es wichtig zu wissen, wie sich der Bestand entwickelt, um entsprechend handeln zu können. Über diese Ringe gewinnen wir sehr viele Informationen. Wir arbeiten mit der Vogelwarte an einer brutbiologischen Studie und versuchen rauszufinden, wie sich zum Beispiel die Käuze miteinander verpaaren, ob sie standorttreu sind, wie alt sie werden und so weiter. Wenn dieser kleine Bursche hier eines Tages gefunden wird, wissen wir, ob er weit gewandert oder auch wie alt er ist.«

Im Gegensatz zu den meisten anderen Eulen jagt die possierliche Minieule nicht nur in der Nacht, sondern auch am helllichten Tag. Sie ist ein ausgesprochen guter und mutiger Jäger und wird sogar mit fast gleich großen Amseln oder ihr körperlich überlegenen Ratten fertig. Dabei rennt der Steinkauz viel auf dem Boden rum, er jagt gerne zu Fuß.

Und dann passiert etwas, was ich in meinem Leben noch nie gesehen habe: Zwei der Geschwisterchen fangen plötzlich an, sich ständig vor uns zu verbeugen!

»Dieses Auf und Ab, dieses Knicksen«, erklärt mir der Vogelexperte, »ist ganz typisch für den Steinkauz und genauso unverwechselbar wie sein Ruf. Das macht die kleine Eule, wenn sie besonders aufmerksam oder erregt ist. Weil der Steinkauz dabei wie ein kleiner Kobold aussieht, wird er im Volksmund auch Quäkerle, Klawittchen oder Wichtel genannt.«

Ich bin hingerissen. Was für bezaubernde Vögel! Ein Jammer, wenn man bedenkt, dass der kleine Eulenvogel trotz des lobenswerten Engagements vieler Naturschützer an einigen Orten bereits ausgestorben ist.

Lange galt der Steinkauz als unheimlicher Todesvogel.

Wie der kleine Kobold so auf Michaels Schulter sitzt und mich mit erstauntem, eindringlichem Blick ansieht, wirkt er auf so unschuldige Art ahnungslos und hilflos, dass ich das Wollknäuel am liebsten drücken und ihm zuflüstern möchte, dass alles wieder gut wird. Obwohl ich weiß, dass das wahrscheinlich nicht stimmt.

Nabu Baden-Württemberg

Die Termine der Vogelführungen mit Michael Eick erfahren Sie über:

Kontakt
Nabu Baden-Württemberg
Tübinger Straße 15
70178 Stuttgart

Telefon (07 11) 9 66 72-0
Internet: www.nabu-bw.de

Vogelführungen in anderen Teilen des Landes können Sie in den jeweiligen Ortsgruppen erfragen. Die Ortsgruppe in ihrer Nähe erfahren Sie im Internet: www.nabu-bw.de

Lutz, der Bär, und die Frage nach den Zähnen

Wie ein behaarter Rucksack hängt Lutz auf Mama Danielas Rücken und klammert sich in ihr dichtes Fell, eifrig bemüht nicht abzurutschen, während sie mit schaukelndem Gang die Südamerika-Anlage der Stuttgarter Wilhelma durchschreitet und beiläufig mit ihrem riesigen, federbuschartigen Schwanz den Boden fegt. Vorsichtig befreit Pflegerin Karina Maurer die stolze Ameisenbärmutter von ihrer süßen Fracht, um sie zu wiegen: stattliche 3800 Gramm! Und das im zarten Alter von drei Wochen! Ein echter Wonneproppen. Fast schon ein Moppelchen. Karina Maurer freut sich, dass der Ameisenbär-Nachwuchs so prächtig gedeiht. Und ich strahle selig, als sich Lutz auf meinem Schoß und ganz unverschämt in meinem Herzen breit macht.

Als er dann noch zärtlich seine rüssellange Nase in meiner Armbeuge vergräbt ... ach Lutz!

Gar nicht einfach, hier nicht abzurutschen!

So klein und schon so 'ne lange Zunge

Tiersteckbrief

Name: Ameisenbär.

Wissenschaftlicher Name: Myrmecophaga tridactyla.

Klasse: Säugetier.

Ordnung: Zahnarme.

Größe: 1,6 bis 2,10 m lang, Schwanzlänge rund 90 cm.

Heimisch in: Mittel- und Südamerika.

Lebensraum: Der Zwergameisenbär ist ein reiner Baumbewohner. Der Große Ameisenbär lebt ausschließlich am Boden und bevorzugt Savannen, lichte Waldgebiete, Grassteppen, Sumpfgebiete und Feuchtwälder. Tamanaduas leben am Boden und in Bäumen.

Anzahl Junge: Eins.

Nahrung: Ameisen und Termiten, Käferlarven, Obst.

Tag-/Nachtaktiv: Tagaktiv, bei dichter Besiedelung auch nachtaktiv.

Lebenserwartung: In Menschenobhut bis zu 26 Jahre.

Gefährdete Art: Ameisenbären zählen noch zu den weniger bedrohten Arten, nur der Große Ameisenbär gilt als stark gefährdet.

Genüsslich räkelnd, streckt er seine kleinen Füße in die Luft. Niedliche Miniatur-Bärentatzen, denen er den »Bär« in seinem Namen verdankt. So ein rüsselnasiges Tier ist etwas ganz Besonderes! Und eine Ameisenbär-Geburt alles andere als selbstverständlich. Nicht nur im Zoo. Auch in freier Wildbahn legen die Einzelgänger nicht so wahnsinnig viel Wert auf zwischenbärige Begegnungen. Sollten sie sich doch mal im Rausch des Augenblicks zur körperlichen Vereinigung hinreißen lassen, machen sie das so diskret, dass die Pfleger in der Wilhelma erst Wind von der Sache bekommen, wenn es der Umfang von Danielas Ameisenbärbauch nicht mehr leugnen lässt. Ein Ameisenbär in anderen Umständen ist einfach eine kleine Sensation und sorgt unter den Pflegern immer wieder aufs Neue für große Aufregung und Freude.

Karina Maurer erklärt mir, dass Ameisenbären mit den Gürtel- und Faultieren verwandt sind. Schon lustig, was sich Biologen einfallen lassen, um Tiere in irgendwelche Kategorien zu stecken: So zählt der Ameisenbär zu den »Zahnarmen«, Edentata genannt. Das Kuriose da-

bei: Der Ameisenbär ist gar nicht zahnarm. Der Ameisenbär ist ganz und gar zahnlos! Nicht ein einziges Beißerchen hat der in seinem langnasigen Gesicht. Dafür eine Zunge, die einem den Atem stocken lässt: bis zu einem Meter (!) lang. Etwa 60 Zentimeter baumeln, zum Beispiel wenn er gähnt, wie ein gigantischer Wurm aus seiner Schnute. Auch der kleine Ameisenbär auf meinem Schoß, der immer mehr zum Schmusebär mutiert, besitzt schon ein beachtliches Exemplar.

Wie das Wort Ameisenbär – und damit kommen wir zum ersten Teil des Namens – vermuten lässt, ernährt er sich von Ameisen. Sein mit klebrigem Schleim bedeckter Zungen-Wurm kommt in jeden Bau, jede Ritze und jedes Loch. Sehr zum Bedauern der darin lebenden Ameisen und Termiten, die scharenweise an der Krabbler-Klebefalle hängen bleiben. 3500 von ihnen verputzt ein Zahnloser am Tag, vorausgesetzt er lebt irgendwo zwischen Südmexiko und Paraguay.

Es wäre für die Pfleger ein bisschen aufwendig, täglich so viele Insekten zu beschaffen (die Kollegen vom Insektarium würden sich bedanken), also gibt es für Familie Ameisenbär einen sehr beliebten, schmackhaften Spezialbrei aus Babynahrung und Früchten.

Ich liebe meinen Beruf!

Lutz auf dem Arm von Wilhelma-Tierarzt Dr. Rietschel

Lutz auf Mama Daniela

Einen Ameisenbären wiederum zu verputzen, empfiehlt sich nicht. Das hat sich unter seinen Feinden ratzfatz rumgesprochen, und so halten sich Puma und Jaguar meist respektvoll von seinen messerscharfen Krallen fern. Mit denen knackt er nämlich nicht nur spielend leicht knochenharte Ameisenbauten.

Wagt es doch mal einer, sich in dusseliger Selbstüberschätzung mit ihm anzulegen, setzt sich der Ameisenbär auf die Hinterbeine und teilt mit seinen Vorderfüßen gefährliche Hiebe aus. Oder er legt seinem Feind kumpelhaft die Arme um den Hals, zieht ihn beherzt an sich, um ihm dann zärtlich mit seinen riesigen Krallen den Rücken zu zerfleischen. Mancher Hund hat in solch unfreiwilliger Umarmung sein Leben gelassen.

Von derlei rambohaften Attitüden scheint das schmusesüchtige Baby auf meinem Schoß viele Rucksackritte entfernt.

Lutz beschließt, dass für heute genug über ihn und seine Verwandten geredet wurde, räkelt sich noch einmal genüsslich und schläft dann selig grunzend auf meinem Schoß ein. Ach Lutz!

Die Stuttgarter Wilhelma

Die Südamerika-Anlage der Stuttgarter Wilhelma beherbergt neben den Ameisenbären weitere sehenswerte Tiere dieser Gegend wie Alpakas und Vikunjas. Aber auch die größten Nagetiere der Welt, die Wasserschweine, sowie Pekaris, Maras und Nandus leben dort.

Öffnungszeiten

Die Wilhelma ist zu allen Jahreszeiten täglich morgens ab 8.15 Uhr geöffnet. Der Park ist mit Einbruch der Dunkelheit – spätestens um 20 Uhr – zu verlassen.

Kontakt

Die Stuttgarter Wilhelma bietet allgemeine und themenbezogene Führungen. Anfragen und Voranmeldungen bei:

Wilhelma
Zoologisch-botanischer Garten
Postfach 50 12 27
70342 Stuttgart
Telefon (07 11) 54 02-0
Internet: www.wilhelma.de

Omas Pelz in unseren Bächen

Nutria? Was bitte ist ein Nutria? Ganz ehrlich, bis vor kurzem konnte selbst ich als »Tierexpertin« darauf keine befriedigende Antwort geben. Mir war nur klar, dass meine betagte lilagrauhaarige Nachbarin einen trägt, wenn sie sonntags feingemacht in den Gottesdienst geht. Aber was für ein Tier hat den aus der Mode gekommenen Pelz vor meiner Nachbarin getragen? Eines, das sich bei uns in Baden-Württemberg überall in den Bächen tummelt. Das behauptet jedenfalls Jagdaufseher Horst Hemmler, der mein Kamerateam und mich zu nachtschlafender Zeit an den Plauelbach in die Nähe von Kehl bestellt. Denn in der Morgendämmerung, so Hemmler, seien die Nutrias besonders aktiv. Was man von mir nicht gerade behaupten kann. Fünf Uhr morgens ist für mich die schrecklichste aller Tageszeiten. Aber was tut man nicht alles, um ein ungewöhnliches Tier vor die Kamera zu bekommen.

Der, die oder das Nutria, über den Artikel sind sich selbst Experten uneinig. Ich entschließe mich hier für »der Nutria«. Also *der* Nutria ist schwer auf dem Vormarsch.

»Jedes Jahr werden es mehr«, berichtet Horst Hemmler. »Seit 50 Jahren kennt man hier die Tiere, aber in den letzten Jahren wimmelt es geradezu von ihnen.« Eine Behauptung, die unser Nutria-Führer in den nächsten 48 Stunden leider mit keinem einzigen der Tierchen untermauern kann.

Übrigens ein Phänomen, dem wir häufiger begegnen. Wild lebende Tiere scheinen Fernsehkameras einfach nicht zu mögen (siehe auch Seite 60, Gelbkopfamazonen).

Während wir uns also so am Plauelbach die Füße platt stehen, erzählt mir Horst Hemmler, dass man Nutrias 1926 wegen ihres dichten Fells aus Südamerika nach Baden-Württemberg gebracht hat. Dort wurden sie in Pelztierfarmen gehalten, um Mäntel (zum Beispiel für meine Nachbarin) aus ihnen zu machen. Dann sind einige ausgebüxt oder wurden nach Schließung der Farmen freigelassen. Und weil der Nutria in Deutschland außer dem Menschen keine Feinde hat, lässt er es sich hier bei uns richtig gut gehen.

Nur filmen lassen möchte er sich von uns heute nicht. Ja und auch

Tiersteckbrief

Name: Nutria/Biberratte (auch Sumpfbiber, Schweifbiber, Schweifratte, Wasserratte oder Coypu genannt).

Wissenschaftlicher Name: Myocastor coypus.

Klasse: Säugetiere.

Ordnung: Nagetiere.

Unterordnung: Stachelschweinverwandte.

Teilordnung: Meerschweinchenverwandte.

Familie: Biberratten.

Größe: Körperlänge bis zu 65 cm, Schwanzlänge bis zu 45 cm.

Heimisch in: Südamerika (Ursprungsland), heute auch in Nordamerika und Europa. Bei uns findet man sie am Niederrhein und im Bereich der Alpen, am Oberrhein und seinen Zuflüssen sowie am Neckar und seinen Zuflüssen Jagst, Kocher, Murr, Enz, in der Tauber, im Bereich des Kraichgaus und des Bodensees.

Lebensraum: An Flüssen, Bächen, Seen, Teichen und Sumpfgebieten.

Anzahl Junge: Zwischen vier und neun Junge.

Nahrung: Blätter, Wurzeln, Süßgräser, Kräuter, Wasserpflanzen, Gemüse, Rüben, Getreide, Mais.
Selten: Schnecken, Süßwassermuscheln, Regenwürmer, Amphibien, Fische.

Tag-/Nachtaktiv: Tag-, nacht- und dämmerungsaktiv.

Lebenserwartung: 6 bis 10 Jahre.

Gefährdete Art: In seiner Heimat Südamerika lokal schon ausgerottet, bei uns darf er noch bejagt werden, er unterliegt dem Jagdrecht.

morgen und übermorgen hat er da so seine Bedenken. Da kann ein Nutria schon mal eigen sein.

Nach zwei Tagen quälender Warterei ist es Zeit, sich einzugestehen, dass wir mehrere hundert Kilometer durch die Gegend gefahren sind, zwei Tage lang unzählige Bäche abgeklappert haben, um einen Nutria zu treffen, der nicht zum Treffen erscheint, und uns also nichts anderes übrig bleibt, als mehrere hundert Kilometer zurückzufahren. Ich muss in meinem Leben schon Unsinnigeres getan haben, weiß aber leider nicht mehr, was und wann.

Auf dem Heimweg erinnert sich Kameramann Nico Wöhrmann, die Tiere schon mal an der Enz bei Mühlacker gesehen zu haben. Mir,

Kleines Wettschwimmen mit Stockente

Von wegen scheu!

Kameramann Nico Wöhrmann mit Wegelagerer

eh schon alles egal, ist es recht, dort noch einen letzten Versuch zu wagen. Und kann mein Glück kaum fassen: Dort aus dem trüben Wasser der Enz strecken sie tatsächlich keck die Nasen: etwa acht Nutrias! Überdimensionale Meerschweinchen, die sofort an Land gesprungen kommen, um mir mein Mittagessen aus der Hand zu reißen.

Die Nager mit dem wissenschaftlichen Namen Myocastor coypus, die wir geschlagene zwei Tage bei Kehl nicht vor die Kamera bekommen haben, sitzen hier an der Enz entspannt vor uns im Gras und kauen genüsslich mit dicken Backen mein Butterbrot. Sie lassen sich sogar streicheln! Ich bin sprachlos.

Wie sich herausstellt, werden die Nutrias von den Anwohnern der Enz gefüttert und sind deshalb so zutraulich.

Bis auf die Enz-Anwohner und einige Jäger kennt die bis zu zwölf Kilo schweren Nagetiere aber kaum einer. Verwirrenderweise werden sie Sumpfbiber oder Biberratte genannt. Aber mit Ratten oder Bibern haben die extrem guten Schwimmer, die bis zu fünf Minuten tauchen können, wenig zu tun.

Wie ihr Äußeres schon vermuten lässt, sind sie mit dem Meerschweinchen verwandt. In und an träge fließenden Bächen wie der Enz fühlen sie sich (meer-)sauwohl. Sie wohnen in Höhlen, in alten Rohren oder verlassenen Bisambauten.

Nutrias lieben Brot.

Nutriazähne sind mit einer orangefarbenen Schicht überzogen.

Ich bestaune die riesigen orangefarbenen Nagezähne, die einer von ihnen gerade genüsslich in meinen Apfel versenkt.

Ihre langen Hauer wachsen nicht nur ein Leben lang nach, sie schlagen sie auch verdammt gerne in Wurzeln, Wasserpflanzen, Muscheln oder Schnecken. Aber auch der Nutria selbst wird gerne verspeist. Nicht nur in seiner Heimat Südamerika. Auch einige unerschrockene Wirte im Altmühltal führen die putzigen Gesellen auf der Speisekarte! Kann man für den niedlichen Nager nur hoffen, dass er nicht (wieder) in Mode kommt. Weder als Mantel noch als Braten.

Nutrias an der Enz

Die von mir beschriebenen Tiere leben in der Nähe von Mühlacker an der Enz. Um einen zu großen Menschenauflauf bei diesen Nutrias zu vermeiden und sie nicht allzu sehr zu stören, bitte ich um Verständnis, dass ich hier ausnahmsweise keine genauere Ortsangabe mache.

Nutrias können Sie ansonsten auch im Rhein-Neckar-Kreis im Schwetzinger Schlosspark antreffen.

Schlagkräftige Fünffüßler mit extrem gutem Gedächtnis

Endlose Weite. Unerbittliche Hitze. Eine Echse hastet über sanft geschwungene Dünen. Glühendheißer Sand, Sand und nochmals Sand. Durch die Einöde ziehen majestätisch Karawanen. Stoische, genügsame, gelegentlich etwas störrische Lasttiere, die noch unter den schlechtesten Bedingungen in den unwirtlichsten Gegenden einen klasse Job machen.

Eines von 86 Wüstenschiffen

So oder so ähnlich sieht sie aus, unsere Vorstellung von einem Kamelleben. Sie gleicht so gar nicht dem Anblick, der sich mir und meinem Team bietet. Auf einem Berg westlich des Nagoldtales, vor grünen Wäldern, neben Kühen und Pferden, grasen auf saftigen Koppeln wie eine Fata Morgana: Wüstenschiffe. Mitten im Nordschwarzwald.

Aus einer Baumgruppe lösen sich erhaben Kamel-Reiter und bewegen sich schaukelnd auf mich zu. Unwillkürlich muss ich an den Filmklassiker »Lawrence von Arabien« mit Peter O'Toole denken. Wie er mit seiner Kamel-Kavallerie und »Akaba! Akaba!«-Rufen eine Stadt erobert. Vom Kamel steigt aber nicht Peter O'Toole, sondern Landwirt Wilhelm Breitling. Nach einem Tunesienurlaub 1975 wollte er nicht mehr Landwirt sein. Sondern Landwirt mit Kamel. Er hatte sich in die außergewöhnlichen Tiere unsterblich verliebt. Nach jahrelangem Kampf gegen Vorurteile und Bürokratie zogen 1987 die ersten Tiere aus einem Ostberliner Zoo hier nach Ebhausen-Rotfelden. Heute ist er Herr über den einzigen Kamelhof

Tiersteckbrief

Name: Altweltkamele.
Wissenschaftlicher Name: Camelus.
Klasse: Säugetiere.
Ordnung: Paarhufer.
Unterordnung: Schwielensohler.
Familie: Kamele.
Arten: Dromedar, Trampeltier.
Größe: Kopfrumpflänge bis zu 3 m, Schulterhöhe bis zu 2,30 m.
Heimisch in: Die Altweltkamele stammen ursprünglich aus Asien, das Dromedar aus dem arabischen Raum und das Trampeltier aus Zentralasien. Sie sind als Nutztiere weit verbreitet und finden sich heute zum Beispiel auch in Nordafrika oder Australien, wo es große Populationen verwilderter Dromedare gibt. Neuweltkamele findet man im westlichen und südlichen Südamerika.
Lebensraum: Trockene Steppen, Halbwüsten, Wüsten.
Anzahl Junge: Eins, selten zwei.
Nahrung: Blätter, Gräser, Kräuter, Dornenbüsche, Trockengewächse, Salzpflanzen, Kakteen.
Tag-/Nachtaktiv: Tagaktiv.
Lebenserwartung: 40 bis 50 Jahre.
Gefährdete Art: Das Trampeltier steht auf der Roten Liste gefährdeter Arten. Das Dromedar ist der am häufigsten verbreitete Vertreter der Kamele, es ist nicht gefährdet.

Europas und 86 Kamele. Sehr hübsche Tiere, mit einem sanften, etwas hochnäsigen Blick. Auf ihnen dürfen Besucher reiten, oder er verkauft sie an Zoos und Privatleute.

»Genau genommen besitze ich 70 Dromedare und 18 Trampeltiere«, erklärt mir Wilhelm Breitling, während er Hengst Chemal Richtung Stall führt. »Kamel, Trampeltier, Dromedar, das werfen meine Besucher gerne durcheinander.«

Mir schießt ein wunderschönes Gedicht von Eugen Roth durch den Kopf: »*Wir mühen uns mit ganzer Seele, / zu unterscheiden die Kamele, / und sind uns nie darüber klar: / was ist Kamel? Was Dromedar? / Und welche Rolle spielt denn hier / das so genannte Trampeltier ...?*«

»Dabei ist es wirklich ganz einfach«, meint der Landwirt: »Kamel ist der Oberbegriff, ›Kameliden‹ sind sie alle, auch das Lama. Das Dromedar erkennt man an einem Höcker, das Trampeltier an zwei. Das kann man sich leicht merken Trampel-Tier, das sind zwei Wörter, also zwei Höcker.«

In diesen befindet sich kein Wasser, wie immer gerne behauptet wird, sondern Fett. Die Fähigkeit der Kamele, in Gluthitze oder Eiseskälte zu überleben, grenzt ans Fantastische.

Kamellandwirt Wilhelm Breitling

Kamel im Nordschwarzwald

Über eine Woche können Wüstenschiffe problemlos ohne Futter und Wasser auskommen. Da sie erst ab einer Körpertemperatur von 40 Grad Celsius anfangen zu schwitzen, sie ihren Urin konzentrieren und ihr Kot furztrocken ist, verbrauchen sie nur wenig Flüssigkeit. Wasser speichern sie aber sehr wohl, allerdings in speziellen Zellen der Magenschleimhaut. Immer wieder liest man, dass die Wiederkäuer bis zu 200 Liter in weniger als zehn Minuten saufen können. Der Kamellandwirt erläutert mir das differenzierter: »Die roten Blutkörperchen eines Kamels sind nicht rund, sondern oval. Damit können sie wirklich in kurzer Zeit viel Wasser aufnehmen, ohne an einer Überwässerung des Körpers zu sterben. Aber nur ganz wenige darauf trainierte Kamele schaffen so große Wassermengen in so kurzer Zeit. Die meisten Tiere müssen Pausen einlegen und ihren Körper langsam an die Mengen gewöhnen.«

Niedlicher Nachwuchs auf Europas einzigem Kamelhof

»Hier, Frau Geßler«, ermuntert er mich, »führen Sie Chemal das letzte Stück«, und drückt mir dessen Strick in die Hand. Wir betreten einen atemberaubend großen Stall. »Man sieht, dass sie Reiterin sind und sich mit Pferden auskennen.«

Ich bin verblüfft. »Woher wissen Sie das?«

»Sie laufen, wie Sie es gewöhnt sind, nur neben seinen Vorderbeinen. Weil Sie wissen, dass ein Pferd immer nur nach vorne oder hinten ausschlagen kann, Sie so also nie treffen kann. Bei einem Kamel nutzt Ihnen das leider gar nichts. Im Gegensatz zum Pferd fehlt dem Kamel nämlich die so genannte Spannhaut zwischen Rumpf und Oberschenkel, so kann es mit allen vier Füßen im

ganz lieb, alle meine Kamele hier sind sanftmütig, keine Angst. Viel schlimmer wäre sowieso ein Kamelbiss, der kann den Kopf eines Menschen zertrümmern. Aber seine tödlichste Waffe ist das hier.« Er deutet auf Chemals verhärteten Brustkorb. »Darauf ruht das Kamel, das ist der

Bitte alle recht freundlich!

45-Grad-Winkel auch nach außen keilen, das macht das Kamel unberechenbar.«

Er muss meinen erschrockenen Gesichtsausdruck bemerkt haben, denn er nimmt den Strick wieder an sich und lacht: »Chemal ist

so genannte ›fünfte Fuß‹«. Wird ein Kamel von Menschen oder Artgenossen gepeinigt, begräbt er sein Opfer unter sich und erdrückt es.

»Der Hengst dort drüben«, er zeigt auf einen stattlichen, gut 1000 Kilo schweren Kerl, »der Ravi, der wollte mal einen Tuareg erdrücken, der zu Besuch war. Obwohl Ravi wirklich lammfromm ist. Selbst kleine Kinder können ihn bedenkenlos streicheln. In Indien gibt es jedoch ein Sprichwort: ›Schlägst Du Dein Kamel, verkaufe es auf dem nächsten Markt, Du wirst sonst deines Lebens nicht mehr froh.‹ Der Tuareg hatte das Kamel zwei Jahre davor zugeritten und musste zugeben, dass er es damals tatsächlich geschlagen hat. Erstaunlich, aber ein Kamel vergisst nie.

»Das habe ich auch bei dieser Stute erlebt: Sadia habe ich vor sechs Jahren auf einem Hof in Gomaringen gekauft. Neulich kam ein Mann und erzählte mir, dass er Sadia in Gomaringen ein Dreivierteljahr spazieren geführt habe und er sie gerne wieder sehen würde. Als der Mann dann aber inmitten der 86 Kamele stand, hat er sie nicht wieder erkannt. Der war richtig traurig. Und jetzt raten Sie mal, welches meiner Tiere direkt vor ihm stand und an seinen Händen geschnüffelt hat? Sadia! Sie hat ihren Freund von damals gleich wieder erkannt! Jetzt verstehen Sie vielleicht meine Liebe zu diesen ganz besonderen Tieren. Das sind außergewöhnliche Wesen mit Charakter«, schwärmt er. »Allein diese Ruhe, die Kamele ausstrahlen. Sie sind bescheiden, anhänglich, und wer sein Kamel gut behandelt, hat in ihm einen treuen Freund. Ein ganzes Leben lang!«

Und wieder kommt mir das Gedicht von Eugen Roth in den Sinn. Wie heißt es doch so schön in der letzten Zeile: *»Nehmt euch (das wäre zu empfehlen!) / Ein Beispiel drum an den Kamelen!«*

Kamelhof Rotfelden

Sadia, Chemal, Ravi und Co. können Sie auf Europas einzigem Kamelhof bei Wilhelm Breitling besuchen. Er bietet nach Anmeldung Kamelführungen, Ausritte und einiges mehr an.

Kontakt
Wilhelm Breitling
Kamelweg 1
72224 Ebhausen-Rotfelden
(Landkreis Calw)
Telefon (0 70 54) 81 25
Internet: www.kamelhof.de

Wandelndes Kindchenschema mit Schweizer Temperament

Das Erste, was ich von Elsbeth sehe, sind ihre Augen. Was nicht weiter verwunderlich ist, denn Elsbeth besteht in erster Linie aus Augen. Unglaublich großen, dunklen, ein bisschen melancholischen Knopfaugen. Ihr Blick trifft mich unvermittelt ins Herz. Wer Elsbeth nicht auf Anhieb liebt, muss tot sein. Einfach alles an diesem plüschigen Halbäffchen ist herzzerreißend! Allein der Name: PLUMPLORI. Weich, rund und sanft, da stört kein S, da kratzt kein K. Und ich wette, als sich die Natur das Kindchenschema ausgedacht hat, stand ein Plumplori Modell: kugelrunder Kopf mit klitzekleinen Öhrchen, plüschiges, dichtes Teddyfell, ein etwas pummeliger, rundlicher Körper und eben diese alles verzehrenden Kulleraugen.

Tierpflegerin Lena Graf öffnet die Tür zu Elsbeths komfortablem Gehege in der Futterküche des Nachttierhauses. Und dann dauert es eine ganze Weile. In einem Affenzahn geschieht bei der kleinen stummelschwänzigen Schönheit so gut wie nichts. Plumploris sind quasi die Schweizer unter den Primaten, weshalb die Engländer sie auch als »slow loris«, also »langsame Äffchen« bezeichnen. Noch besser gefällt mir »Softly Softly«. So nennen sie den winzigen Zeitlupenaffen in seiner Heimat Südostasien, was soviel wie »immer mit der Ruhe« bedeutet.

Der einzige Plumplori im Land

Nichts liegt dem kleinen Baumbewohner ferner, als mit hektischen Bewegungen von Ast zu Ast zu hüpfen. Das überlässt er lieber seiner Verwandtschaft. In der Ruhe liegt die Kraft. Wer so lebt, spart Energie, fällt Feinden und potenzieller Nahrung, wie zum Beispiel Insekten, kleinen Säugetieren oder Vögeln, gar nicht erst auf, kann sich unbemerkt heranpirschen, um dann überraschend schnell zuzupacken.

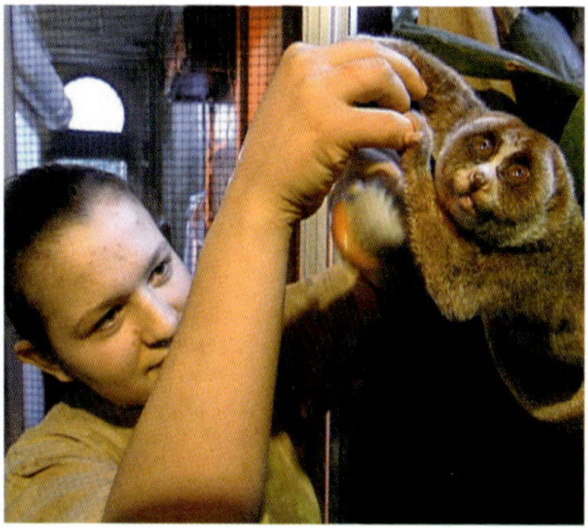

Elsbeth genießt Lena Grafs Pflege.

Einen Fuß vor den anderen setzend klettert Teddy-Elsbeth mit schläfrigen Bewegungen sehr geschickt aus ihrem kugelförmigen Nest, schleicht lautlos zur geöffneten Gehegetür, um mit ihren fünf winzigen Fingerchen ungefragt meinen Zeigefinger und mein Herz zu umklammern. Es ist mir ein bisschen peinlich, das zuzugeben, aber Elsbeth versetzt mich in Entzücken: Andächtig beginnt das Halbäffchen mit seiner Zwergenzunge über meine Hand zu lecken, um dann immer wieder im Wechsel seinen Kopf darüber zu streichen.

»Elsbeth mag sie«, schmunzelt Lena Graf, »das macht sie nicht bei jedem. Hier, fahren Sie ihr damit durchs Fell, das gefällt der Kleinen«, sagt die Tierpflegerin und drückt mir eine weiche Bürste in die Hand. Wohlig streckt mir Elsbeth ihren kleinen Bauch entgegen und genießt.

Wer kann diesen Augen widerstehen?

Tiersteckbrief

Name: Plumplori.
Wissenschaftlicher Name: Nycticebus coucang.
Klasse: Säugetiere.
Ordnung: Primaten.
Unterordnung: Feuchtnasenaffen.
Familie: Loris.
Größe: Kopfrumpflänge 26,5 bis 38 cm, Schwanzlänge 1,3 bis 2,5 cm.
Gewicht: Etwa 1600 Gramm.
Heimisch in: Südostasien, von Ostindien und Bangladesch über Vietnam und Thailand bis nach Borneo und den südlichen Philippinen.
Lebensraum: Tropischer Regenwald bis 1300 m.
Anzahl Junge: Eins, selten Zwillinge.
Nahrung: Früchte, Baumsäfte, Insekten, Vogeleier, Vögel.
Tag-/Nachtaktiv: Nachtaktiv.
Lebenserwartung: Im Zoo über 20 Jahre, in freier Wildbahn etwa 14 Jahre.
Gefährdete Art: Noch gering gefährdet, Zwerglori gefährdet.

Seit sie 1997 aus privater Hand (wo diese Tiere einfach nichts zu suchen haben) beschlagnahmt wurde, lebt sie hier im Nachttierhaus der Wilhelma. Zuerst vor, jetzt nur noch hinter den Kulissen. Sehr zum Bedauern ihrer Fans, immerhin ist Elsbeth das einzige Plumplori in ganz Baden-Württemberg.

Das Halbäffchen in seiner »Höhle« lässt sich ausgiebig bürsten.

»Elsbeth hat ständig die Besucher auf der anderen Seite der Scheibe angestarrt und wollte mit ihnen schmusen. Weil das natürlich nicht ging, hat sie irgendwann vor Kummer nichts mehr gefressen. Auch mit den anderen Nachttierhausbewohnern wollte sie nie so richtig warm werden. Erst seit sie hier in der Futterküche lebt und von uns Pflegern jeden Tag ausgiebig gestreichelt und gehätschelt wird, ist sie wieder glücklich«, erklärt mir Lena Graf und reicht mir ein Stück Banane. »Hier, die liebt sie«.

Ich staune, wie fest ihre kurzen Händchen zupacken und wie laut so ein kleines Tier schmatzt, wobei sie den Blick auf beachtlich scharfe Beißerchen frei gibt.

»Wenn Elsbeth etwas nicht passt, kann sie damit auch schon mal ordentlich zubeißen«, erklärt mir die Pflegerin, »aber das ist bis jetzt nur selten vorgekommen.« Auch wenn es bei ihrem niedlichen Aussehen kaum vorstellbar ist, können Plumploris im wahrsten Sinne des Wortes giftig werden. Ein Überlebenstrick, den sonst so gut wie kein anderes Säugetier beherrscht.

Fühlen sich die Miniäffchen in freier Wildbahn bedroht, mischen sie ihren Speichel mit Gift, das sie in einer speziellen Drüse am Arm produzieren. Plumplori-Feinden ist es nicht zu raten, in ein derart aufgerüstetes Tierchen zu beißen. Mit diesem giftigen Speichel macht auch die Mutter ihr Junges »ungenießbar«: Sie schleckt es ab, bevor sie es auf einen Ast legt, um in Ruhe auf Nahrungssuche zu gehen. Dort bleibt es dann festgeklammert, bis die Mutter zurückkehrt. Für das Ablegen des Nachwuchses verwenden Fachleute übrigens das hübsche Wort »Baby parking«.

Elsbeth lässt sich ausgiebig von mir streicheln und bürsten, turnt noch ein bisschen behäbig auf uns rum, nascht ein bisschen Obst, ein paar Mehlwürmer und beschließt, dass es jetzt an der Zeit sei, sich zurückzuziehen. In aller Ruhe klettert sie von meinem Arm zurück in ihr Gehege, dort auf einen Ast und schließlich in ihre kleine Plumploriwohnung. Softly, softly, versteht sich.

Plumploris naschen gerne Honig.

Die Stuttgarter Wilhelma

Elsbeth, der einzige Plumplori Baden-Württembergs, ist für die Besucher der Wilhelma leider nicht mehr zu sehen, weil ihr die Unterkunft im Pflegerbereich »hinter den Kulissen« mehr behagt als ihr früheres Gehege im Nachttierhaus. Elsbeth wurde vor Jahren aus einer Privathaltung beschlagnahmt, hat sich mit Artgenossen aber nicht vertragen und zieht die Gesellschaft der Pfleger deutlich vor. Die Wilhelma bietet aber jede Menge interessante Führungen zu anderen Tieren an.

Öffnungszeiten

Die Wilhelma ist zu allen Jahreszeiten täglich morgens ab 8.15 Uhr geöffnet. Der Park ist mit Einbruch der Dunkelheit – spätestens um 20 Uhr – zu verlassen.

Kontakt

Die Stuttgarter Wilhelma bietet allgemeine und themenbezogene Führungen. Anfragen und Voranmeldungen bei:

Wilhelma
Zoologisch-botanischer Garten
Postfach 50 12 27
70342 Stuttgart
Telefon (07 11) 54 02-0
Internet: www.wilhelma.de

Spitz, pass auf!

»Oh Du Spitz, du Ungetüm! Aber wart! Ich komme ihm!«

Was hat er erdulden müssen, der arme Kerl! Zu Unrecht wurde er von der gestrengen Witwe Bolte beschuldigt, nachdem deren »lieblich schmurgelnde« Brathühnchen auf unerklärliche Weise aus der Pfanne verschwunden waren. Als Wilhelm Busch 1865 seine Lausbubenstreiche veröffentlichte, hätte keiner gedacht, dass auch der Spitz mal verschwinden würde. Von Haus und Hof, wo er jahrtausendelang treu Wache gehalten hat. Und wenn wir nicht auf-

Warum will uns keiner mehr?

passen, bald von der ganzen Welt. Der kleine Kläffer ist aus der Mode und mächtig auf den Hund gekommen. Schuld daran ist sein schlechtes Image.

Im 16. und 17. Jahrhundert galt er noch was! Kein Geringerer als Musikgenie Mozart genehmigte seinem Zwergspitz Pimperl hie und da eine Prise Schnupftabak. Im Ersten Weltkrieg eroberte der Spitz Great Britain und glänzte dort mit patriotischen Diensten: Seine Wolle wärmte so manch heldenhaftes Gesäß – in Form von Unterwäsche für die Royal Navy. Der letzte württembergische König ging mit ihm Gassi, und ach, wie gut machte er sich in den 50ern als stolzer VW-Käfer-Beifahrer. Doch mit dem vierrädrigen Liebling der Wirtschaftswunderzeit ist auch der vierbeinige dahin. Einst der Deutschen liebster Hund, steht er seit Jahren auf der Roten Liste der Gesellschaft zur Erhaltung alter und gefährdeter Haustierrassen.

Gerademal elf Zuchttiere des Großspitzes gibt es noch in ganz Deutschland. Ein Zustand, der Helga Barnert-Gmelin, eine der wenigen Spitzzüchterinnen des Landes, die Trauer ins Gesicht treibt. »Kaum ein Hund ist so menschenbezogen, so freundlich, empfindsam und leicht zu erziehen wie der Spitz«, schwärmt sie. »Den Spitz kann man auch überall laufen lassen, er rennt nicht weg und er jagt nicht. Es sind so liebe, nette Haushunde.«

Tiersteckbrief

Name: Haushund (Spitz).

Wissenschaftlicher Name: Canis lupus familiaris.

Klasse: Säugetiere.

Familie: Hunde.

Art: Wolf.

Unterart: Haushund.

Größe: Von 18 bis zu 55 cm Schulterhöhe.

Klassifikation: Gruppe 5, Spitze und Hunde vom Urtyp.

Den Spitz gibt es in unterschiedlichen Größen: Wolfspitz, Großspitz, Mittelspitz, Kleinspitz, Zwergspitz.

Herkunft: Die Familie der »Spitzartigen« stammt vom prähistorischen Torfhund ab.

Anzahl Junge: Bis zu sieben.

Lebenserwartung: 10 bis 15 Jahre.

Gefährdete Art: Wolfspitz und Großspitz stehen auf der Roten Liste der Gesellschaft zur Erhaltung alter und gefährdeter Haustierrassen.

Ich muss zugeben, bevor ich Helga Barnert-Gmelin und ihre zehn Mittelspitze in Dainbach bei Bad Mergentheim besuchte, da spukte es auch durch meinen Kopf, das schlechte Image vom Spitz: hektisch wuselnde Giftzwerge, Wadenbeißer, ewig bellende Köter. Das ist aber sehr lang her. Denn jetzt stür-

Auch Spitzwelpen lieben offensichtlich die Tonangel.

Ich hätte ihn so gerne mitgenommen!

zen sich gerade sechs der entzückendsten, watteweichsten, knopfäugigsten, wuscheligsten, wollweißesten Hundebabys aller Zeiten mit unbändiger Lebensfreude auf mich und das falsche Klischee, um es mit Herz zu zerreißen. Und plötzlich weiß ich nicht mehr, warum den Spitz keiner will.

»Wissen Sie«, bricht Helga Barnert-Gmelin eine Lanze für ihre verschmähten Schützlinge, »er war immer ein treuer, unbestechlicher Gefährte. Nicht nur die Landwirte, auch die Weinbauern wussten seine Zuverlässigkeit zu schätzen. Als Weinbergspitz hat er einst richtig Karriere gemacht, indem er die Trauben vor Dieben bewacht hat, und den Fuhrleuten sicherte er die Fracht. Ach und kein Spitz«, beteuert sie, »kläfft, wenn man ihn gut erzieht.«

Der Spitz: ein lebhafter, freundlicher Hund

Was ich vor meinem Besuch in Dainbach auch noch nicht wusste: Der Spitz ist die älteste Form des Haushundes in Europa und eine der ältesten Rassen der Welt. Der steinzeitliche Torfhund »Canis familiaris palustris Rüthimeyer« soll schon die Höhlen unserer Vorfahren bewacht haben (ob seine keuleschwingenden Herrchen Rüthimeyer hießen oder der Spitz selbst auf den Namen hörte, ist allerdings nicht überliefert). Bekam man ihn damals wohl noch im Tausch gegen einen Mammutfuß oder ein Bärenfell, muss man heute etwa 900 Euro berappen. Ein stolzer Preis. »Das sind einfach die Regeln der Marktwirtschaft, je weniger es gibt, umso teurer werden die Tiere«, erklärt mir Barnert-Gmelin. Aber allein die Tatsache, dass die niedlichen Kerle überhaupt noch jemand züchtet, erscheint mir plötzlich unbezahlbar. Ich muss an das Brettspiel »Spitz pass auf« denken, wo der Hund ständig eins auf die Schnauze kriegt. Immer und immer wieder. Hoffen wir, dass es ein Spiel bleibt.

Tierpension Eindachhof

Helga Barnert-Gmelin ist Mitglied im Verband der Spitzzüchter und züchtet unter anderem Weiße Deutsche Mittelspitze. Sie betreibt in Dainbach bei Bad Mergentheim auf dem Eindachhof eine Tierpension.

Kontakt
Tierpension Eindachhof
Helga Barnert-Gmelin
Binsengasse 3
97980 Bad Mergentheim
Telefon (0 79 30) 7 24
Internet:
www.tierpension-eindachhof.de

Besuchszeiten täglich 9 bis 12 Uhr und 15 bis 18 Uhr.

Verein für Deutsche Spitze e. V.

Gruppe Baden-Pfalz-Saar
Bernd Ziegler
Friedhofstraße 11
67125 Dannstadt-Schauernheim
Telefon (0 62 31) 94 28 45

Gruppe Württemberg
Wolfgang Schroeder
Sonnenhaldeplatz 3
71573 Allmersbach im Tal
Telefon (0 71 91) 5 12 63

Gruppe Ortenau-Breisgau
Roland Weinacker
Madenburgstraße 27
76587 Gossersweiler-Stein
Telefon (0 63 46) 69 83 39
Internet: www.spitze-baden.de

Alle weiteren Spitzzüchter Deutschlands findet man über die Hauptgeschäftsstelle des Vereins.

Kontakt
Burvogtskamp 19
24629 Kisdorf
Telefon (0 41 93) 96 73 14
Internet: www.deutsche-spitze.de

Sex, Bonobos und die Sache mit den Gummibärchen

Wenn es um das Thema Sex geht, bemühen Moralapostel ja gerne die Tierwelt, denn dort hat Sex ja scheinbar nur eine Funktion: die Fortpflanzung.

Ich beobachte mit Dr. Wolfram Rietschel, dem Zootierarzt der Stuttgarter Wilhelma, das bunte Treiben hinter der Glasscheibe des Bonobogeheges. Daran hätten oben genannte Moralapostel ihre »helle Freude«: Bei den Bonobos geht es zu wie in einer 68er-Hippiekommune. Von früh bis spät wird sich hier ganz unverkrampft geliebt. Jeder mit jedem. Jede mit jeder. Jung mit Alt. Im Durchschnitt alle 90 Minuten. Von vorn, von hinten, von oben oder unten, in allen denkbaren Positionen und Variationen. Als wollten die schwarzpelzigen Gesellen das Kamasutra nachturnen. Dabei grinsen sie breit und quietschen lustvoll.

Kameramann Axel Stosch ist einer der Besten im SWR, aber jetzt steht ihm die Verzweiflung ins Gesicht geschrieben: »Kann mir einer sagen, wie ich solche Szenen für das familienfreundliche Vorabendprogramm der Landesschau drehen soll?«, beklagt er sich.

Bonobos sind in Zoos sehr selten.

Die Freude an der Lust gehört bei dem lebensfrohen Völkchen offenbar zum Alltag und Promiskuität zur Nachbarschaftspflege. Nach reiner Fortpflanzung sieht es jedenfalls nicht aus.

»Das ist es auch nicht«, bestätigt mir Dr. Rietschel. »Bonobos haben nicht nur jede Menge Spaß am Sex, er erfüllt neben der Fortpflanzung

auch viele wichtige Funktionen. Gibt es zum Beispiel Streit, legen die Zwergschimpansen eine ›kleine Unterredung‹ ein und schon ist wieder alles in Butter. Sex baut Spannungen ab und ermöglicht ein harmonisches Miteinander. Bei den Bonobos gibt es keine tödlichen Schlachten und keinen Kindsmord wie bei vielen anderen Affenarten. Vielleicht geht es bei ihnen auch so friedlich zu, weil die Weibchen das Sagen haben. SIE bestimmt, wann ER zu wollen hat und wie oft. Und das funktioniert.«

Bonobos, die ein bisschen wie kleine Schimpansen aussehen, gelten als die intelligentesten Menschenaffen: Sie verstehen komplexe Zusammenhänge und fertigen geschickt Werkzeuge an, um zum Beispiel an schwer zu erreichende Leckerbissen zu gelangen. Sie schauen für ihr Leben gerne fern (in einem englischen Zoo flippen die Primaten bei Filmen wie »King Kong« und »Jurassic Park« regelmäßig aus), und das in Amerika lebende Bonobomännchen Kanzi hat ein Vokabular von etwa 500 Worten, mit dem er sich über Symbole seinen Trainern mitteilt.

Überraschend menschliche Züge zeigen Bonobos auch, wenn sie sich im Spiegel betrachten. Sie nutzen ihr Spiegelbild, um sich ausgiebig zu studieren oder störende Härchen aus dem Gesicht zu zupfen. Und sie gehören neben dem Menschen zu den einzigen Säugetieren, die sich mit der Zunge küssen und sich beim Sex in die Augen schauen. Oft reiben sie auch einfach nur ihre Genitalien aneinander, diesen Spannungsabbau nennen Wissenschaftler »GG-Rubbing«.

Die Kamasutra-Primaten verstehen aber nicht nur die Kunst der sexuellen Versöhnung. Die Kerlchen

Tiersteckbrief

Name: Bonobo oder Zwergschimpanse.

Wissenschaftlicher Name: Pan paniscus.

Klasse: Säugetiere.

Unterordnung: Trockennasenaffen.

Familie: Menschenaffen.

Größe: Etwa 150 cm.

Heimisch in: Nur im Kongo.

Lebensraum: Tief gelegene Wälder, Regenwaldgebiete.

Anzahl Junge: Meist eins.

Nahrung: Früchte, Blätter, Samen, Insekten, kleine Wirbeltiere.

Tag-/Nachtaktiv: Tagaktiv.

Lebenserwartung: In freier Natur etwa 35 Jahre, in Menschenobhut bis zu 50 Jahre.

Gefährdete Art: Bedrohte Tierart, Schätzungen der Gesamtpopulation liegen bei 5000 bis 17 000 Tieren.

Das Sagen haben die Frauen.

Eine kleine Unterredung

Niedlicher Bonobo-Nachwuchs

sind durchaus auch käuflich, wie folgendes Experiment beweist: Man nehme ein paar Bonobos, ein paar Gummibärchen und schon kann's losgehen. Der Zootierarzt schiebt einem Zwergschimpansen-Männchen eine Handvoll zu und wir beobachten einen eindrucksvollen Tauschhandel: ER gibt ihr die heiß geliebten Süßigkeiten, SIE gibt sich ihm hin. »›Sex for Foodexchange‹ nennen das die Wissenschaftler. Das kleine Tauschgeschäft funktioniert allerdings immer nur in eine Richtung, denn schließlich sind es die Männer«, erklärt Dr. Rietschel, »die immer nur das eine wollen.« Aha. An dieser Stelle möchte ich erwähnen, dass kein Tier dem Menschen mehr ähnelt als der Bonobo. Die genetische Übereinstimmung beträgt fast 99 Prozent!

Die Tür zum Gehege geht auf, und Tierpfleger Ralf Schirsching serviert seinen Schützlingen frisches Obst und Gemüse. Ich rechne mit Geschrei und Streitereien, aber anstatt sich aufs Futter zu stürzen, starten die Affen erst mal eine kleine Orgie.

Danach teilen und futtern alle friedlich. Wie hieß es doch früher so schön, um nochmal auf die 68er zurückzukommen: »Make love, not war!«

Unsere haarigen Verwandten haben also einiges auf dem Kasten und ihr Sozialleben scheinbar im Griff.

Das Wilhelma-Jungtieraufzuchthaus dient europaweit als Kinderstube für alle vier Menschenaffenarten.

Sollten wir deshalb von den friedlichen Primaten lernen? Probleme mittels Sex aus der Welt zu schaffen, hört sich zwar besser an als durch Streit und Krieg, aber Himmel, wie sähe das in der Realität aus! Sie beschweren sich über ihre lausige Steuerrückerstattung und der freundliche Finanzbeamte fragt, wie Sie es gern hätten? Der »G8-Gipfel« bekäme eine völlig neue Bedeutung? Kopulierende Fans in sonst verfeindeten Fankurven? Ich weiß nicht. Vielleicht sollten wir einfach versuchen, Menschen zu werden. Affen sind wir ja schon.

Die Stuttgarter Wilhelma

Die Stuttgarter Wilhelma ist weltberühmt für ihre Menschenaffenhaltung und gehört zu den ganz wenigen Zoos, die gleich alle vier Menschenaffenarten – also Schimpansen, Zwergschimpansen/Bonobos, Orang-Utans und Gorillas – pflegen und züchten. Dabei sind die Bonobos die in Zoos am seltensten gezeigten Menschenaffen. Was man von ihnen weiß, stammt zum überwiegenden Teil von den in zoologischen Gärten gemachten Beobachtungen. Das Jungtieraufzuchthaus der Wilhelma dient inzwischen europaweit als Menschenaffenkinderstube, wenn ausnahmsweise die Kleinen mit der Hand aufgezogen werden müssen. Im Schwingaffenhaus kann man außerdem Gibbons und Haubenlanguren bewundern.

Öffnungszeiten
Die Wilhelma ist zu allen Jahreszeiten täglich morgens ab 8.15 Uhr geöffnet. Der Park ist mit Einbruch der Dunkelheit – spätestens um 20 Uhr – zu verlassen.

Fütterungszeiten
Menschenaffenbabys: 11.30 Uhr.

Kontakt
Die Stuttgarter Wilhelma bietet allgemeine und themenbezogene Führungen. Anfragen und Voranmeldungen bei:

Wilhelma
Zoologisch-botanischer Garten
Postfach 50 12 27
70342 Stuttgart
Telefon (07 11) 54 02-0
Internet: www.wilhelma.de

Leo, die Mundharmonika und der Barthaartrick

Bunte Bälle tanzen durch die Sommerluft, Reifen wirbeln meisterlich an glänzenden Flossen, Robben balancieren Bürsten auf ihren Nasen – die Mähnenrobbenshow im Zoo Heidelberg reißt nicht nur das Zoopublikum von den Sitzen. Was Tierpfleger Jörg Kubacki Benita, Salta, Leonardo und der restlichen spielwütigen Bande beigebracht hat, ist schlicht zirkusreif. Dabei ist es an sich schon eine kleine Sensation, dass es hier überhaupt Mähnenrobben gibt! Nur viermal findet man die seltene Seelöwenart in Deutschland und ausschließlich in Heidelberg wird sie regelmäßig gezüchtet.

Kann nicht jeder Seelöwe: Mundharmonika spielen

»Hier, pressen Sie die mal an Leonardos Schnauze«, ermuntert mich Jörg Kubacki und drückt mir eine Mundharmonika in die Hand. Leo wirft stolz seine Namen gebende Mähne in den Nacken und legt los. Wie ein warmer Motor saugt er laut schmatzend die Luft an, um sie dann nicht minder geräuschvoll in das kleine, silberne Rechteck zu prusten. Die Kinder am Beckenrand sind ganz aus dem Häuschen. Die Besucher sind aber auch durch einen tiefen Graben und einen schützenden Zaun von dem bunten Treiben hier drinnen getrennt. Eigentlich kenne ich bei Tieren keine Berührungsängste, aber jetzt, muss ich zugeben, ist mir ein wenig mulmig zumute! Immerhin bläst ein fast drei Meter großer, etwa 400 Kilo schwerer Bulle mit einem knieerweichenden Gebiss gerade eine Mundharmonika in meiner Hand. Ich bete inständig, es möge nicht das Lied vom Tod sein!

»Sie müssen keine Angst haben, Frau Geßler, der tut Ihnen nichts! Und jetzt den roten Ball! Sie müssen direkt auf seine Nase zielen, damit Leo ihn fangen kann.« Ich vergesse kurz meine Bedenken, werfe und staune: »Wie macht er das?«

»Er bescheißt!«

»Er bescheißt?«

»Jo! Er bescheißt. Mähnenrobben sind clever, die wissen genau, dass sie uns austricksen können. Schauen Sie mal genau hin, Leo balanciert den Ball gar nicht auf der Nase, sehen Sie das, der richtet seine harten Barthaare nach vorne und damit hält er den Ball, raffiniert was!«

»Macht den Tieren das eigentlich Spaß?«, möchte ich wissen.

»Ja klar, riesigen Spaß, deshalb lernen Mähnenrobben solche Kunststücke auch recht schnell. Sie sind dankbar für jede Abwechslung und wollen gefördert werden, sonst lang-

Tiersteckbrief

Name: Mähnenrobbe, Südamerikanischer Seelöwe.

Wissenschaftlicher Name: Otaria flavescens.

Klasse: Säugetiere.

Ordnung: Raubtiere.

Familie: Ohrenrobben.

Größe: Kopfrumpflänge bis 3 m.

Heimisch in: Südamerika, Brasilien, Peru, Feuerland, Argentinien, Chile, Falklandinseln.

Lebensraum: Küstengebiete.

Anzahl Junge: Eins.

Nahrung: Fische, Tintenfische, Krebse.

Tag-/Nachtaktiv: Tagaktiv.

Lebenserwartung: Frei lebend bis 20 Jahre, im Zoo weit über 20 Jahre.

Gefährdete Art: Geschützt. Schutzprogramme konnten den Bestand stabilisieren, heute leben weltweit etwa 270 000 Tiere.

weilen sie sich. Das ist wie bei uns Menschen.«

Von der Show gänzlich unbeeindruckt lungern zwei neugeborene Robben etwas abseits am Beckenrand und lassen sich die Sonne auf den Babyspeck brennen. »Mit ihren vier Wochen sind die Kleinen jetzt genau im richtigen Alter, um schwimmen zu lernen.«

»Robben können nicht von Geburt an schwimmen?«, frage ich ungläubig.

»Nee, das müssen sie von ihren Müttern erst lernen. So was müssen Sie gesehen haben, das ist jedes Mal ein Schauspiel! Ganz am Anfang kann es passieren, dass die Mütter die Kleinen an Land schleudern, wenn

Da war ich noch mutig.

Die Babys lassen sich die Sonne auf den Speck brennen.

Links: Leo zeigt, was er kann.

Pfleger Jörg Kubacki und Leo – zwei, die sich verstehen

Zirkusreif – die Mähnenrobbenshow im Heidelberger Zoo

ihr Nachwuchs zu sehr mit dem Wasser kämpft. Dann fliegt hier schon mal ein Robbenbaby durch die Luft, das sieht aber schlimmer aus, als es ist. Es passiert ihnen dabei nichts.«

Nach einer Tragzeit von elf Monaten säuft so ein kleines Speckröllchen nochmal mindestens genauso lange bei seiner Mama, bevor es sich an Herrn Kubackis Fisch labt. Die Milch der Mutter hat übrigens 35 Prozent Fett, mehr als Schlagsahne, damit gedeihen die Babys prächtig. »Danach können wir mit dem Training beginnen, ohne Fisch läuft nichts. Die müssen über das Futter erst Vertrauen zu mir aufbauen. So Benita, jetzt gib der Frau Geßler mal ein Küsschen!« Benita drückt mir unvermittelt einen fischfeuchten Schmatzer auf die Wange. Um gleich darauf drohend ihr Maul aufzureißen. Es hat etwas zutiefst Verstörendes, in einen riesigen, dunklen Schlund zu starren, besonders wenn der Schlund etwa so groß ist wie ein Müllschlucker. Verdammt. Ich habe Angst, beschließe, diese Information aber weiter für mich zu behalten. Und dann mache ich einen schwerwiegenden Fehler. Ich stelle die falsche Frage: »Was passiert eigentlich, wenn so ein Tierchen mal zubeißt?« Der Revierleiter sieht mich an, als sei ich nicht ganz zurechnungsfähig. »Na, was würde passieren? Sie würden sterben, was denn sonst.« Dann lacht er und will mich mit seiner freundlichen Art beruhigen. »Nein, Sie sterben nicht, ist nur Spaß, die tun wirklich nichts«, sagt's und versucht, mit einem energischen »BEEEENITA NEEEIN« selbige von ihren Angriffsplänen abzubringen. »Sie dürfen keine Angst haben, das merken die.« Ich gebe mir jede erdenkliche Mühe. Sehe im Zweifel aber aus wie ein Kaninchen im Fernlicht eines Reisebusses. »Nein, wirklich, bei den viel kleineren Weibchen ist es nicht so schlimm. Wenn Leo zubeißt, gut, allein durch seine Größe ... Aber bei der Benita ... BEEEENITA, LASS DAS, NEEEEEEEIN ... da fängt die Wunde nur an schlimm zu eitern. BEEEENITA!«

Mähnenrobben haben ihr ausladend großes Maul nämlich voll fieser Bakterien, die die Wunde (falls man nach einem Biss von einer Mähnenrobbe überhaupt von Wunde reden kann. Ich fürchte von ein paar Körperteilen muss man sich dann doch verabschieden) so gemein eitern lassen, dass man sie auch nicht mehr zunähen könnte. Von solcherlei Informationen unglaublich aufgemuntert, beschließe ich, mich ab jetzt nicht mehr von Mähnenrobben mit allzu intimen Zärtlichkeiten beglücken zu lassen.

Den Rest der beeindruckenden Mähnenrobben-Show habe ich dann trotzdem noch sehr genossen. Hinter dem Zaun. Bei den Kindern.

Zoo Heidelberg

Im Zoo Heidelberg kann man nicht nur die faszinierenden Kunststücke der größten Mähnenrobbengruppe Deutschlands bewundern, sondern auch regelmäßig den Nachwuchs von Leonardo und Co.

Öffnungszeiten
Der Zoo hat täglich geöffnet. März: 9 bis 18 Uhr. April bis September: 9 bis 19 Uhr. Oktober: 9 bis 18 Uhr. November bis Februar: 9 bis 17 Uhr. Letzter Einlass ist eine halbe Stunde vor Schließung.

Fütterungszeiten
Robben 11 Uhr und 16 Uhr (außer freitags).

Kontakt
Zoo Heidelberg
Tiergartenstraße 3
69120 Heidelberg
Telefon (0 62 21) 64 55 10
Internet: www.zoo-heidelberg.de

Fliegen jagende Herzensbrecherin im Urmelkostüm

Es sieht aus wie das frisch geschlüpfte Urmel aus dem Eis, das winzige Panzernashorn der Stuttgarter Wilhelma: Shikari. Mit zwei Wochen hat sie bereits stolze 60 Kilo auf den Rippen und ist zum Fressen süß. Sie wackelt ein bisschen mit ihren großen Ohren, blinzelt freundlich in unsere Kamera, und selbst Zootierarzt Dr. Wolfram Rietschel, der nun wirklich schon allerlei Getier gesehen, erlebt und geheilt hat (allein in der Wilhelma versorgt er 8000 Tiere), wirkt ein bisschen verliebt. Wenn ihr etwas nicht passt, zum Beispiel Mutters Milchbar mal nicht geöffnet hat, lässt sie, schon ganz die Mama, schmollend die Unterlippe hängen. Ein schmollendes Urmel aus dem Eis mit hängender Unterlippe! – als ob die Kleine nicht ohnehin schon unerträglich niedlich wäre.

Erste Annäherungsversuche

»Wenn ich mir die Kolosse Sani und Bruno so anschaue, kann ich mir gar nicht vorstellen, wie die sich fortpflanzen«, wundere ich mich.

»Da bebt der Boden«, schmunzelt Dr. Rietschel. »Die Einzelgänger kommen nur in der Paarungszeit zusammen, und bis es soweit ist, umrundet Sani fiepend Bruno und bedrängt ihn förmlich! Wenn er dann nicht so will, wie sie will, oh, ich sage Ihnen, da kann die richtig unangenehm werden. Bulle Bruno wird Ihr Getue irgendwann zu blöd und er steigt auf. Der Akt kann sich dann stundenlang hinziehen. Also nascht er nebenher gelangweilt von der Hecke. Von da oben kommt er prima an sonst unerreichbare Blätter.« Das Ergebnis dieser Anstrengungen sieht man hier! In Sachen Nashornnachwuchs sind wir in der Stuttgarter Wilhelma sehr erfolgreich und ziemlich stolz: Schon vierzehn Mal haben bei uns kleine Dickhäuter das Licht der Welt erblickt.«

Ganze 16 Monate war Shikari in Sanis Bauch – nur Elefanten und Wale tragen länger. Dafür ging es bei der Geburt recht flott: Keine Stunde und Sani hatte ihr viertes Kalb zur Welt gebracht. Noch ist Shikari ein kleines Panzernashörnchen, gerät sie aber nach ihrer Mutter, wird sie gut zwei Tonnen schwer. Schließlich gehören Nashörner zu den gewaltigsten Landsäugetieren der Welt.

Plötzlich hüpft Urmel-Shikari wie ein kleiner Springteufel mit allen Vieren gleichzeitig in die Luft, fetzt in mehreren riesigen Sätzen durchs Gehege und stürzt sich auf irgendwas. Ich kann leider nicht erkennen, auf was. Dr. Rietschel lacht: »Dieses Schauspiel sorgt bei den Tierpflegern immer für Stimmung. Unsere Kleine verfolgt gerne Fliegen! Daher ihr Name, denn ›shikar‹ heißt auf Indisch ›jagen‹.« Aber nicht nur Shikari jagt gerne, leider auch der Mensch. »Es ist eine Schande«, schimpft Dr. Rietschel, »gerade mal 2300 Panzernashörner gibt es noch – weltweit! In China zum Beispiel hat der Mensch die Rhinozerosse bereits vor vielen hundert Jahren ausgerottet.« Wenn

Tiersteckbrief

Name: Panzernashorn.

Wissenschaftlicher Name: Rhinoceros unicornis.

Klasse: Säugetiere.

Ordnung: Unpaarhufer.

Familie: Nashörner.

Größe: Kopfrumpflänge 370 cm, Schulterhöhe 180 cm. Das Panzernashorn ist das größte der drei Nashornarten.

Heimisch in: Asien. Das ursprüngliche Verbreitungsgebiet reichte von Pakistan über den Norden Indiens bis nach Bangladesch und Assam. 85 Prozent der heutigen Gesamtpopulation leben im indischen Kaziranga-Nationalpark, etwa 600 Tiere in Nepal.

Lebensraum: Offene Sumpflandschaften ohne Bäume. Auf dem Rückzug vor dem Menschen leben einige Nashörner heute auch in Wäldern.

Nahrung: Gräser, Zweige, Blätter, Schilf-, Bambus- und Elefantengrastriebe, Sumpfkräuter, Wasserpflanzen.

Anzahl Junge: Eins.

Tag-/Nachtaktiv: Nachtaktiv.

Lebenserwartung: Im Zoo etwa 45 Jahre, in freier Wildbahn etwa 40 Jahre.

Gefährdete Art: Vom Aussterben bedroht, gehört zu den am meisten gefährdeten Arten der Welt.

Die Kleine scheint sich ihrer Wirkung bewusst zu sein.

Wenn ihr was nicht passt, lässt Shikari schmollend die Unterlippe hängen.

man das hört, kann man ganz schön stinkig werden. Noch stinkiger wird man, wenn man die Gründe dafür erfährt. Es gibt einen weit verbreiteten Mythos, der erklärt, wozu man Rhinozeroshörner braucht. Diesem Mythos zufolge dient gemahlenes Rhinozeroshorn als Medizin, Potenzmittel und Aphrodisiakum. Das ist, wie man wohl ungestraft behaupten darf, genau das, wonach es sich anhört: Aberglaube. Mit medizinischen Erkenntnissen hat es jedenfalls wenig zu tun (Potenzschwache könnten genauso gut ihre eigenen Haare oder Fingernägel kauen, der Nasenschmuck der Tiere besteht aus der gleichen Substanz), eher damit, dass ein Rhinozeroshorn ein großes, hochstehendes, hartes Ding ist. Auch die Tatsache, dass die ausdauernden Nashornbullen stundenlang ihre Pflicht erfüllen, hat stets den Neid und die Phantasie lendenlahmer Männer angestachelt. Ein weiterer, nicht weniger absurder Grund für die drohende Ausrottung ist Mode: Dolchgriffe, Gürtelschnallen – für schnöden Modeschmuck müssen die Nashörner ihr Leben lassen. Im Jemen haben Dolchgriffe aus Rhino-Horn den Status einer Luxuslimousine.

Als wollte Shikari unsere traurigen Gedanken im wahrsten Sinne des Wortes wegspülen, fängt sie an, geräuschvoll Wasser zu lassen. Und wenn ein Vorgang je die Bezeichnung »Wasserlassen« verdient hat, dann dieser. »Mensch, die hört ja gar nicht mehr auf«, kommentiert Dr. Rietschel begeistert die kleine Sintflut. »In der Art, wie sie das macht, sehe ich gleich, dass sie ein Mädchen ist.«

»Wieso?«, will ich schmunzelnd wissen. »Heben die Jungs ein Bein?«

»Nein, aber ich sehe das an der Dicke des Strahls. Der ist kräftiger

Wie Urmel aus dem Eis: Shikari

Shikari gibt begeistert Vollgas.

als bei den männlichen Tieren, und die Mädels pinkeln in einem höheren Bogen. Bei denen rauscht es ordentlich, während es bei den Jungs eher stoßweise plätschert.« Zehn Liter trinkt so ein kleines Nashorn am Tag. »Mensch, die hört ja gar nicht mehr auf!« Tut sie dann aber doch, kauert sich zufrieden neben Mama Sani und klappt ihre Urmellider runter.

Wie sie da so liegt und friedlich schläft, muss ich an ihre verbleibenden 2300 Artgenossen denken. Und plötzlich beschleicht mich das hässliche Gefühl, dass WIR diejenigen sind, die in Schwierigkeiten stecken.

Bei der Paarung nascht Bruno von der Hecke.

Die Stuttgarter Wilhelma und ihr Nashornprojekt

Weltweit gibt es nur noch 2300 Panzernashörner, davon leben 85 Prozent im Kaziranga-Nationalpark in Assam, Indien. Anfang des 20. Jahrhunderts war das Panzernashorn dort schon beinahe ausgestorben. 1905 lebten nur noch 10 bis 20 Tiere in dem Park. Nur durch strenge Maßnahmen konnte die Population wieder auf 1700 Tiere anwachsen. Allerdings muss man jederzeit mit Rückschlägen rechnen.

Die Wilhelma unterstützt das Projekt »Indian Rhino Vision 2020«. In diesem Projekt werden 100 Tiere aus dem Kaziranga-Park in vier andere Parks umgesiedelt, um die Population auf eine gesündere Basis zu stellen.

Wer die vom Aussterben bedrohte Tierart beziehungsweise dieses Projekt unterstützen möchte, kann helfen: Im Nashornhaus der Stuttgarter Wilhelma steht eine Spendenbox. Oder Sie schicken Ihre Spende, gegen eine Quittung, unter dem Stichwort »Nashorn« direkt an

Verein der Freunde und
Förderer der Wilhelma
Postfach 50 12 27
70342 Stuttgart
E-Mail:
info@foerderer-der-wilhelma.de

Shikari und ihre Verwandtschaft sagen danke!

Öffnungszeiten

Die Wilhelma ist zu allen Jahreszeiten täglich morgens ab 8.15 Uhr geöffnet. Der Park ist mit Einbruch der Dunkelheit – spätestens um 20 Uhr – zu verlassen.

Kontakt

Die Stuttgarter Wilhelma bietet allgemeine und themenbezogene Führungen. Anfragen und Voranmeldungen bei:

Wilhelma
Zoologisch-botanischer Garten
Postfach 50 12 27
70342 Stuttgart
Telefon (07 11) 54 02-0
Internet: www.wilhelma.de

Dickbäuchige Exoten mit seltsamem Sinn für Humor

Wer es zum ersten Mal hört, meist im Stuttgarter Stadtpark, ist leicht verwirrt. Denn dieses merkwürdige Gekreische ist für unsere mitteleuropäischen Ohren schwer einzuordnen. Es ist so eine Mischung aus schreiendem Baby und knarzender Türangel. Die einen lieben, die anderen hassen es: das markerschütternde Schreien der Stuttgarter Gelbkopfamazonen, von den Einheimischen auch liebevoll Stadtpapageien genannt.

Neben pausenlosem Gekreische begeistern sie mit ihrem eigenwilligen Flugstil. Während unsere hei-

Ungewöhnlicher Exot mitten in Stuttgart

Tiersteckbrief

Name: Gelbkopfamazone.

Wissenschaftlicher Name: Amazona oratrix.

Klasse: Vögel.

Familie: Echte/Eigentliche Papageien.

Größe: 30 bis 40 cm.

Heimisch in: Der trockenen, subtropischen und feucht-tropischen Zone Süd- und Mittelamerikas. Die Gelbscheitelamazone lebt von Mexiko über Belize, Honduras, Panama, Nord-Kolumbien und weiten Teilen Venezuelas, des nördlichen Brasiliens bis ins nördliche Bolivien, außerdem auf Karibikinseln. Die eigentliche Gelbkopfamazone lebt nur in Mexiko. Verwilderte Populationen leben auch in Florida, Kalifornien und auf Puerto Rico.

Lebensraum: Vor allem in Gebieten mit Baumbestand sowie Savannen mit hohen Büschen, Trockenwäldern bis in bewaldete Sumpfgebiete, aber auch in landwirtschaftlichen Anbaugebieten bis 750 m Höhe.

Anzahl Junge: Zwei bis vier.

Nahrung: Früchte, Samen, Nüsse, Blüten, Beeren, Knospen, Rinde, Blätter, Zweige, also stark verholzte Pflanzenteile. In Stuttgart wurden 36 Pflanzenarten im Nahrungsspektrum nachgewiesen, davon 19 heimische Arten, 13 eingeführte und vier domestizierte Pflanzen. Besonders beliebt sind die Früchte der Eibe und Platane.

Tag-/Nachtaktiv: Der Aktivitätshöhepunkt der Gelbkopfamazone liegt am frühen Morgen, von Beginn der Dämmerung bis etwa 10 Uhr und am späten Nachmittag von etwa 16 Uhr bis zum Einbruch der Dämmerung.

Lebenserwartung: 40 bis 60 Jahre.

Gefährdete Art: Bestände sind rückläufig, einige Populationen gelten als gefährdet. Sind durch das Washingtoner Artenschutzabkommen besonders geschützt.

mischen Arten anmutig wie Segelflugzeuge durch die Lüfte gleiten, durchpflügen die Exoten unter hektischem Flügelschlagen den Stuttgarter Himmel wie dickbäuchige Transporthubschrauber.

Eigentlich scheinen die über 40 Amazonen in Stuttgart ständig präsent, es sei denn, man plant wie ich, einen Film über sie zu drehen. Dann nämlich sind die großen grünen Burschen plötzlich spurlos verschwunden.

Nur wenn sie brüten, halten die Papageien den Schnabel.

Selbst Gelbkopfamazonen-Experte Michael Schmolz vom Naturschutzbund (Nabu) ist ratlos. Dabei weiß er sonst wirklich alles über dieses Papageien-Phänomen, das es so in ganz Europa (!) nur einmal gibt: nämlich hier in Stuttgart. Er *weiß*, dass »Amazona oratrix«, wie die Gelbkopfamazone wissenschaftlich heißt, sich ursprünglich im mexikanischen Regenwald tummelt und dass 1984 zum ersten Mal eine Amazone in Stuttgart aufgetaucht war. Woher, bleibt bis heute allerdings ungeklärt. Er *weiß* auch, dass die Tierpfleger im zoologisch-botanischen Garten Wilhelma das freifliegende Tier päppelten und ihm einen Genossen kauften. Er *weiß weiter*, dass die beiden dummerweise ein geschlechtsreifes Paar waren, von deren Vermehrungsfreudigkeit die mittlerweile über 40 Tiere Zeugnis geben. Aber wo die Papageien nun plötzlich abgeblieben sind, *das weiß* Michael Schmolz nicht! Nicht dass mein Kamerateam und ich nach zwei Tagen erfolgloser Papageien-Hatz quer durch Stuttgart entmutigt wären, wo denken Sie hin!

Da wir also nicht drehen können, bleibt Zeit über die Tierchen zu plaudern, die uns hier komplett zum Narren halten: darüber zum Beispiel, dass die Papageien nicht nur in Sachen »SWR-Team-Austricksen« sehr erfinderisch sind, sondern auch, wenn es ums nackte Überleben geht. So überwintern die Exoten, die ja eigentlich Wärmeres gewohnt sind, in besonders zapfigen Wintern an Schornsteinen oder Abluftschächten.

Und da sie hier in der Stadt keine Feinde haben, gibt es auch jedes Früh-

Wo sind sie? Selbst der Experte Michael Schmolz ist ratlos.

jahr Nachwuchs. Was man daran erkennt, dass eine Amazone *still* und *heimlich* ohne den *leisesten Pieps* in den Blättern verschwindet – untrügliches Zeichen dafür, dass sie ein Nest betreut und weitere süße kleine Krachmacher großzieht.

Nicht dass Sie jetzt den Eindruck bekommen, ich hätte was gegen die Parkpapageien. Ganz im Gegenteil. Stuttgart wäre ohne sie ein ganzes Stück ärmer. Und ich freue mich immer, wenn ich sie sehe, und ja, doch wirklich auch: höre! Aber in diesen zwei Tagen haben sie unsere Geduld schwer strapaziert. Und am Abend setzen sie dem Ganzen dann noch die Krone auf.

Erschöpft und zerknautscht sinke ich nach erfolgloser Suche daheim auf dem Balkon in den Liegestuhl (ich schwöre, es war so!), und jetzt dürfen Sie raten, wer da sitzt?! Keine drei Meter Luftlinie von mir entfernt im Kirschbaum: vier Amazonen! Ganz entspannt, als sei es das Normalste auf der Welt, dass Gelbkopfamazonen meinen Garten bevölkern. Dass die grünen Gesellen dort rumlungern, ist an sich ja kein Problem. Das eigentliche Problem entsteht erst, wenn die Tiere nicht so recht wissen, was sie dort eigentlich sollen. Fressbares ist nicht in Reichweite. Also fangen sie mal wieder schlagartig mit dem an, was sie am besten können: kreischen und schreien.

Dabei darf ich die pädagogisch wertvolle Erfahrung machen, dass

Ein grüner Mexikaner in schwäbischen Gefilden

vier aufgedrehte Mexikaner in meinem Kirschbaum mehr Krach machen als 40 englische, schwer alkoholisierte Fußballrowdies. Nur dass man Letztere im Zweifel mit Guinness aus dem Blattwerk locken könnte, die wilde Vogelhorde aber ist leider gänzlich unbestechlich. Und das Allerschönste: Sobald zwei der gefiederten Freunde mal den Schnabel halten, legen die anderen mit geballter Kraft los. Verglichen mit dem, was sich da auf meinem Baum abspielt, sind die zwei erfolglosen Drehtage ein relativ sanfter Zermürbungsversuch.

Ich wähle die Nummer von Nico Wöhrmann, Kameramann und Lei-

Erst nachts kehrt in Stuttgarts Parkanlagen Ruhe ein.

densgenosse der letzten zwei Tage, und halte wortlos das Handy Richtung Geräuschquelle.

»Nein!«, sagt er nur fassungslos.

»Doch!«, erwidere ich trocken. Und dann müssen wir beide so laut lachen, dass die grüne Schar sich mit ihrem unnachahmlichen Geschrei lauthals erhebt. Mit einer Mischung aus schreiendem Baby und knarzender Türangel.

Nabu Baden-Württemberg

Vogelexperte Michael Schmolz bietet in Stuttgart regelmäßig Gelbkopfamazonen-Führungen an. Die Termine dafür erfahren Sie beim Nabu.

Kontakt
Nabu Baden-Württemberg
Tübinger Straße 15
70178 Stuttgart
Telefon (07 11) 9 66 72-0
Internet: www.nabu-stuttgart.de

Termine für Vogelführungen in anderen Teilen des Landes erfahren Sie über die jeweiligen Ortsgruppen.
Internet: www.nabu.de

Naturschutzzentrum Bad Wurzach

Ornithologische Führungen (wie zum Beispiel Vogelstimmen im Moor) bietet auch das Naturschutzzentrum Bad Wurzach an.

Kontakt
Naturschutzzentrum Bad Wurzach
Rosengarten 1
88410 Bad Wurzach
Telefon (0 75 64) 9 31 20
Internet:
www.naturschutzzentren-bw.de

Argyroneta – Naturwunder im silbrigen Sauerstoffgewand

»Hier lebt sie!« Tierfilmerlegende Kurt Hirschel deutet triumphierend auf einen entengrützen-grünen Weiher seiner Heimatstadt Oberriexingen. »Hier? Ich dachte, Sie wollten uns eine besondere Spinne zeigen?« Zugegeben, ich bin verwirrt.

»Eben, eine *ganz besondere* Spinne: Argyroneta! Und die lebt in diesem Tümpel. Unter Wasser!«

Spinnen zählen nicht unbedingt zu meinen Lieblingstieren, aber das erscheint mir dennoch unglaublich spannend: eine Spinne, die unter Wasser lebt!

»Solche verkrauteten Tümpel wie diesen hier, mit moorigem Untergrund, liebt sie. Wir brauchen allerdings viel Geduld, um sie zu entdecken. Sie kommt nur für wenige Sekunden an die Wasseroberfläche, sammelt dort Luft, um blitzschnell wieder zu verschwinden«, erklärt der Tierfilmer und kauert sich dabei ans Ufer.

Wir warten. Auf ein kleines Wunder der Natur. Auf eine Wasserspinne.

»Wie schafft sie das«, frage ich skeptisch, »unter Wasser zu leben?«

Zum Luftholen muss sie auftauchen.

»Mit einem genialen Trick: Argyroneta baut sich eine Taucherglocke! Aus ihren Spinnfäden webt sie einen Teppich, den sie an Wasserpflanzen befestigt. Sie schwimmt an die Oberfläche, streckt ihren Hintern aus dem Wasser und packt sich Atemluft unter ihren Pelz. Die Luft verfängt sich zwischen Millionen winziger Haare an den Beinen und am Hinterleib und

umgibt sie wie ein Sauerstoffanzug. Damit sieht sie aus wie ein Quecksilbertropfen auf Beinen, was ihr auch den Namen ›Silberspinne‹ eingebracht hat. Dann hangelt sie sich an einem Faden hinunter zu ihrem Gespinst und streicht dort ihren Luftvorrat ab. Der Seidenbau wölbt sich durch die aufsteigende Luft wie eine Glocke nach oben. Diesen Vorgang wiederholt sie ein paar Mal. Fertig.«

Unglaublich! 35 000 Spinnenarten gibt es weltweit und nur eine einzige lebt, liebt, frisst, schläft und gebiert unter Wasser, in ihrer selbst gebastelten Unterwasserfestung. Dort zieht sie auch ihren Nachwuchs groß. Sprichwörtlich ein Leben am seidenen Faden: Da die Silberspinne nur unbeholfen schwimmt, baut sie ein Wegenetz, an dem sie sich entlanghangelt. Von ihrer Burg aus spinnt sie zusätzlich Signalfäden in die benachbarten Pflanzen. Berührt ein leichtsinniger Flohkrebs, eine unvorsichtige Wasserassel, eine Kaulquappe oder gar ein Jungfisch den »Futtermelder«, schießt die Spinne aus ihrer Wohnglocke, zerrt die Beute hinein und verspeist sie. Was, wie bei allen Spinnen, durch äußere Verdauung geschieht. Nicht gerade appetitlich! Argyroneta spuckt Verdauungssaft auf ihr Opfer, der es verflüssigt, und saugt es dann auf.

Und tatsächlich, nach stundenlangem Warten taucht sie vor uns auf: eine fast schwarz gefärbte, etwa eineinhalb Zentimeter kleine Spinne. Sie streckt ihr Hinterteil in die Luft und ist auch schon wieder verschwunden.

»Ist Argyroneta eigentlich giftig?«, will ich wissen.

»Ihr Gift ist zumindest so stark, dass sie ihre Opfer lähmen kann. In die Hand nehmen sollte man sie lieber nicht«, warnt Kurt Hirschel. »Wenn Sie eine Wasserspinne beißt, brennt das wie ein Wespenstich.

Tiersteckbrief

Name: Wasserspinne.

Wissenschaftlicher Name: Argyroneta aquatica.

Ordnung: Webspinnen.

Familie: Gebirgstrichterspinnen.

Größe: 8 bis 15 mm.

Lebensraum: Die einzige Spinne, die unter Wasser lebt. Liebt saubere, langsam fließende Gewässer mit starker Verkrautung.

Heimisch in: Von den Britischen Inseln bis nach Japan, Europa, Asien.

Nahrung: Wassertierchen wie Flohkrebse, Wasserasseln, aber auch kleine Fische.

Tag-/Nachtaktiv: Dämmerungs- und nachtaktiv.

Gefährdet: Auf der Roten Liste der gefährdeten Arten, als stark gefährdet geführt.

Ihre quecksilberfarbene Unterwasserfestung

Wasserspinnen bauen sich Wegenetze zum Entlanghangeln.

Aber Sie werden nicht daran sterben. Man muss die Spinne aber auf jeden Fall in Ruhe lassen! Sie steht auf der Roten Liste der gefährdeten Arten, in der Kategorie ›stark gefährdet‹! Denn auf Grund der Verschmutzung der Gewässer ist sie von den Britischen Inseln bis Japan sehr selten geworden.«

»Wenn das wundersame Geschöpf unter Wasser lebt, verlässt es dann nie seinen Teich?« »Nein«, antwortet Kurt Hirschel, »nie«.

»Aber wie verbreitet sie sich dann?«

»Junge Landspinnen segeln im Altweibersommer an Fäden übers Land. Wer weiß, vielleicht macht sie das genauso. Vorerst bleibt das ihr Geheimnis.«

Die Spinne lebt in einer »Taucherglocke«.

Staatliches Museum für Naturkunde Stuttgart

Die Wasserspinne Argyroneta ist auch im Museum Schloss Rosenstein im Bereich »Heimische Lebensräume« zusammen mit Molchen, Wasserskorpionen und Libellenlarven zu bewundern.

Öffnungszeiten
Dienstag bis Freitag 9 bis 17 Uhr,
Samstag, Sonntag und an Feiertagen
10 bis 18 Uhr.
Montags geschlossen.

Kontakt
Staatliches Museum für Naturkunde
Stuttgart
Rosenstein 1
70191 Stuttgart
Telefon (07 11) 89 36-0

Am Löwentor:
Telefon (07 11) 89 36–1 26
Schloss Rosenstein:
Telefon (07 11) 89 36–2 63
Internet:
www.naturkundemuseum-bw.de

Warum Pfleger Gerhard Popp den Fisch persönlich reicht

Genau genommen ist er nur ein schwarz-weißer Vogel, der nicht fliegen kann. Auf der Beliebtheitsskala aller Zootiere thront er aber ganz weit oben: der Brillenpinguin. Auch ich liege ihm zu Füßen. Warum? Um das zu verstehen, müssen Sie seinen unglaublichen Unterwasserflug gesehen haben: Geschmeidig segelt er durch sein Element, surft spielerisch-elegant auf Wellenkämmen, schwimmt dreimal schneller als jeder Mensch, schlägt unter Wasser halsbrecherische Haken, und sein Strömungswiderstand lässt andere Meeresbewohner vor Neid erblassen.

Pfleger Gerhard Popp bei der täglichen Fütterung

Aber an Land mutiert er zu einem hilflos-watschelnden Pummelchen mit zusammengeschrumpelten Schwimmstummeln auf den molligen Hüften. Seine Flügel haben sich vor sehr langer Zeit von der Idee verabschiedet, einen solchen Brocken vom Boden heben zu wollen. Und wenn er es eilig hat, sieht er immer aus, als ob er vor lauter Unförmigkeit jeden Augenblick das Gleichgewicht verlieren und seitlich umkippen würde. Doch genau dafür lieben wir ihn!

Brillenpinguine sind dank ihrer anatomischen Widersprüche faszinierend und bezaubernd zugleich. Das soll ihnen erst mal einer nachmachen. Und so sonnen sich Gerda, Fritzi und Co., die Stars der Stuttgarter Wilhelma, in der Aufmerksamkeit der Besucher.

Ein Leben als Stuttgarter Brillenpinguin ist wirklich nicht das Schlechteste: Sich täglich im frischen Cannstatter Thermalwasser und in der Liebe der Kinder aalen. Täglich leckeren Fisch. Täglich die Zuwendung von Pfleger Gerhard Popp. Kaum haben die Pinguinküken ihren Schnabel aus dem Ei gestreckt, nimmt Popp sich ihrer liebevoll an. Aus den Bruthöhlen auf dem Freigelände ziehen sie nach ein paar Wochen hinter die Kulissen der Wilhelma, hierher in den Kükenkindergarten. In dem großen Raum riecht es streng nach Fisch und es ist angenehm warm. Wärme ist wichtig, damit die Kleinen nicht krank werden. Denn draußen ist es kalt. Klirrender Winter. Warum die Schnee- und Eisgeborenen das schreckt? Weil sie schlicht und ergreifend nicht in Schnee und Eis geboren sind. In ihrer Heimat, den Küsten Südafrikas und Namibias, ist es erfahrungsgemäß alles andere als frostig. Aber wenn dort Brutzeit, also Sommer ist, herrscht in Bad Cannstatt dummerweise Winter. Wovon sich ein Brillenpinguin aber nicht weiter beeindrucken lässt. Auch nicht nach jahrzehntelangem Deutschlandaufenthalt.

»Warum sich unsere Brillenpinguine nicht umstellen, bleibt uns ein Rätsel«, erläutert mir der Tier-

Tiersteckbrief

Name: Brillenpinguin.
Wissenschaftlicher Name: Spheniscus demersus.
Klasse: Vögel.
Familie: Pinguine.
Größe: 60 bis 70 cm.
Heimisch in: Küstenbereiche Namibias und Afrikas.
Lebensraum: In küstennahen Kolonien.
Anzahl Junge: Zwei.
Nahrung: Sardinen, Sardellen, Makrelen, Tintenfische, Garnelen.
Lebenserwartung: Im Zoo bis zu 20 Jahre.
Gefährdete Art: Bestand nimmt ständig ab, stehen unter strengem Naturschutz.

Die Brillenpinguine warten auf Pfleger Gerhard Popp.

pfleger und schiebt einem seiner flaumigen Zöglinge einen Hering in den Schlund. »Den Fisch aus meiner Hand zu fressen, das müssen sie hier im Kükenkindergarten lernen. Weil die aufgetauten Heringe weniger Vitamine als Frischfisch haben, stopfen wir ihnen Vitaminpillen in den schuppigen Bauch. Und um eben sicher zu gehen, dass auch jeder seine Ration erhält, bekommen alle Pinguine ihren Fisch mit der Hand gefüttert.« Eine Lektion, die die gierigen Küken ganz offensichtlich mit größtem Vergnügen lernen.

Mit drei Monaten kommen die kleinen Lauser in die Mauser. Aus puschlig-kuschlig-weich wird schwarz-

Gerda und Co. wollen meinen Fisch.

weiß-seriös, und in ihrem neuen schicken Frack watscheln sie dann ins Pinguin-Eheleben.

Brillenpinguine pflegen übrigens die schöne Tradition, ihrem Partner ein Leben lang treu zu bleiben (die jährliche Scheidungsrate liegt unter 20 Prozent). Sie bauen ein Nest, legen Eier und der Zyklus beginnt von vorne.

Während der letzte Racker im Küken-Kindergarten seinen Hering runterschlingt, sitzen die Altvögel, die das alles schon hinter sich haben, mit großem Ernst auf den runden Steinen im Freigehege – und starren ins Nichts. Irgendwie werde ich bei ihrer Betrachtung nie das Gefühl los, sie warteten auf irgendetwas. Und seit heute weiß ich endlich auf was: auf Gerhard Popp! Das Objekt all ihrer Sehnsüchte! Denn er hat, was sonst keiner hat: Fisch! Den bekommt jeder Schwimmvogel persönlich in den gierigen Schnabel gestopft. Hering für Hering. Morgen, nächsten Monat und auch noch nächstes Jahr. Da kennt Gerhard Popp nichts. Das gibt er ihnen schriftlich. Schwarz auf weiß!

Frisch geschlüpft – ein wenige Tage altes Brillenpinguinküken

Mit Flaumkleid wirken die Küken größer als ihre Eltern.

Die Stuttgarter Wilhelma

Eines der Highlights der Stuttgarter Wilhelma ist die tägliche Brillenpinguinfütterung, meist mit Gerhard Popp.

Öffnungszeiten
Die Wilhelma ist zu allen Jahreszeiten täglich morgens ab 8.15 Uhr geöffnet. Der Park ist mit Einbruch der Dunkelheit – spätestens um 20 Uhr – zu verlassen.

Fütterungszeiten
Brillenpinguine: 14.30 Uhr.

Kontakt
Die Stuttgarter Wilhelma bietet allgemeine und themenbezogene Führungen. Anfragen und Voranmeldungen bei:

Wilhelma,
Zoologisch-botanischer Garten
Postfach 50 12 27
70342 Stuttgart
Telefon (07 11) 54 02-0
Internet: www.wilhelma.de

Neuer Haustiertrend: parkettrutschende Pelzmützen

Auf der Klingel steht »*Miriam Winzel. Ein Herz für Frettchen e. V.*«. Der Türöffner surrt. Mein Team und ich drücken die Haustür auf und treten ein. Da schlittert etwas Weißes, Felliges in einem Affentempo an unseren Füßen vorbei. »Wer schleudert denn hier Pelzmützen über den Boden?«, wundere ich mich noch, als die Pelzmütze auch schon zum Liegen kommt. Sie streckt sich in die Länge, fährt vier kleine Pfötchen aus und hoppelt vergnügt in die gleiche Richtung zurück, aus der sie gerade angerutscht kam. Miriam Winzel packt die wandelnde Kopfbedeckung, die sich als Frettchen entpuppt, und schiebt sie erneut wie eine Bowlingkugel mit Schmackes über den glatten Holzboden.

»Ihr kommt gerade richtig«, lacht die Frettchenfreundin, »wir spielen Parkettrutschen, das absolute Lieblingsspiel meiner kleinen Horde. Davon kriegen sie nie genug.« Sagt's und schleudert das sichtlich begeisterte Fellbündel zum dritten Mal quer durch den Raum.

Neben Pelzmützen-Willi, der rutschbegeisterten Bowlingkugel, toben neun weitere Frettchen durch das geräumige Haus in Illingen: Der braune »Teddy« zieht äußerst geschickt mit den Vorderpfoten eine Schublade auf, um deren Inhalt zu überprüfen. Und während sich die schwarze Sheila kopfüber in einen herumliegenden Stiefel zwängt, leiht sich Robbe mal kurz einen meiner Handschuhe, um ihn in seiner Schlafkiste zu bunkern.

Frettchen lieben es sehr, auf einem rumzutoben.

GIMPET

»Wenn es ums Spielen geht, sind Frettchen unermüdlich. Und ich kann Dir sagen, nichts, aber auch wirklich gar nichts ist vor ihrer Neugierde sicher!« Ihr Tatendrang macht sie allerdings auch zu geborenen Ausbrechern. Jedes noch so kleine Loch zieht sie magisch an und sie geben keine Ruhe, bis sie darin verschwunden sind. Wer sich also ein Frettchen zulegen möchte, muss erst mal Haus oder Wohnung ausbruchssicher machen.

Pflanzenfreunde sollten sich das mit den Frettchen ohnehin nochmal überlegen. »Die räumen jeden Blumentopf aus«, erklärt die Frettchen-Expertin. »Aber wer das berücksichtigt, hat an den intelligenten, verspielten Kobolden, die sehr schnell anhänglich werden, wirklich viel Freude.«

Im Klartext: Das Frettchen ist kein Tier für penible Hausfrauen! Nicht dass die pelzigen Chaoten nicht stubenrein wären, sie sind eigentlich reinliche Tiere und gehen sogar auf ihr Katzenklo. Meistens zumindest. Im Eifer des Spielgefechts lassen sie aber auch mal woanders etwas fallen, da darf man nicht so zimperlich sein.

Dass Frettchen bestialisch stinken, kann ich allerdings nicht unterschreiben. Ich finde, sie haben in etwa den Eigengeruch eines Hundes. Frettchen-Fans im Internet drücken sich da weit präziser aus: *»Im Schwanzbereich riechen sie nach Pfefferminz oder alten Pilzen, das Ohrenschmalz riecht nach Brühwürfel«*, heißt es da. Sie entschuldigen, dass ich das jetzt nicht auf seinen Wahrheitsgehalt überprüfen möchte.

Immerhin müssen sich Frettchenbesitzer keine Sorgen um Möbel machen. Dass sie die anknabbern, ist ein

Tiersteckbrief

Name: Frettchen.
Wissenschaftlicher Name: Mustela putorius furo.
Familie: Marder.
Art: Europäischer Iltis.
Unterart: Frettchen.
Größe: 48 bis 65 cm (davon 13 bis 19 cm Schwanz).
Heimisch in: Frettchen sind domestiziert und können in freier Wildbahn kaum überleben. Ihr Urahn, der Iltis, lebt in Eurasien, Nordamerika und Europa.
Lebensraum: Wohnlandschaften (Iltis: Wälder, Steppen, Grasländer).
Anzahl Junge: Eins bis 14.
Nahrung: Fleischfresser, kleine Säugetiere.
Tag-/Nachtaktiv: Tagaktiv.
Lebenserwartung: 6 bis 10 Jahre.
Gefährdete Art: Nicht gefährdet.

Frettchen lieben Vitaminpaste.

Die kleinen Raubtiere haben nur Blödsinn im Kopf!

Vorurteil. Schließlich gehören die kleinen Räuber wie Dachs, Wiesel oder Otter zur Familie der Marderartigen. Sie haben also kein Nager- sondern ein respektables Raubtiergebiss. Und das schlagen die kleinen Fleischfresser viel lieber in Katzenfutter oder Eintagsküken als in Wohnlandschaften.

Der Urahn des Frettchens ist der Iltis. Er ist ein bisschen größer und im Gegensatz zum sehr sozialen Haustier ein absoluter Einzelgänger. Neben Hund und Katze ist das Frettchen das einzige domestizierte Raubtier. So wie der Hund die Haustierform des Wolfes ist, ist das Frettchen eben die Haustierform des Iltis.

Waren Mitte der 80er-Jahre noch Ratten angesagt, sind heute Frettchen der letzte Schrei. In den USA sind sie mittlerweile so beliebt wie hierzulande Katzen. 6,5 Millionen kleine Kobolde leben im Land der unbegrenzten Möglichkeiten. Und auch bei uns werden es immer mehr.

Miriam Winzel erklärt mir, warum: »Frettchen sind mit keinem anderen Haustier zu vergleichen. Sie sind verschmust und lieb, dabei aber temperamentvoll und sehr sozial. Deshalb sollte man sie auch nie alleine halten, Frettchen brauchen ihre Sippe. Es wird nie langweilig mit ihnen. Sie sind lustig und interessant, und wer ein Frettchen hat, kann sich den Fernseher sparen.«

Den gab's im Mittelalter sowieso noch nicht. Aber schon damals hielten sich die feinen Damen Albino-Frettchen (also weiße Tiere mit roten Augen) als Schoßtiere. Selbst Leonardo da Vinci verewigte eines in dem wunderschönen Gemälde »Dame mit Hermelin« (bezeichnete es nur leider falsch). Und keine Geringere als Elisabeth von England posierte mit ihrem Haustier für die Kunst.

Dass ein Frettchen aber mehr kann als schmusen und spielen, wussten lange davor schon die Ägypter, Römer und Griechen zu schätzen. Aristoteles berichtet im 4. Jahrhundert vor Christus vom Frettchen, welches er »Ictis« nennt: *»dass es gerne Honig und Vögel fresse sowie ein hilfreicher Jagdgefährte sei«.* Plinius (23 bis

Wie unschuldig er guckt!

Ein Wurf bezaubernder Babys

79 n. Chr.) erwähnt in seinen Briefen, dass Kaiser Augustus einige »Viverrae« auf die Balearen schickte, um der dort herrschenden Kaninchenplage ein Ende zu bereiten. Da der kleine Jagdgehilfe in jedes Erdloch passt, scheuchte man mit seiner Hilfe Ratten und Kaninchen aus ihren Bauen. Heute werden Frettchen nur noch selten zum Frettieren, also zur Jagd eingesetzt.

Pelzmützen-Willi kneift mir ein paar Mal beherzt in die Wade, umkreist mich und stößt dabei merkwürdige Geräusche aus. »Mit diesen Lauten, dem Goggern und Muckern, verständigt sich das Frettchen«, erklärt mir Miriam Winzel. »Willi möchte, dass Sie mit ihm spielen!«

Den Gefallen tu ich ihm gerne und mache mit ihm das, was er am liebsten mag: Parkettrutschen.

Ein Herz für Frettchen e. V.

Miriam Winzel hilft gerne bei Fragen zu Haltung oder Anschaffung von Frettchen, Marder, Iltis, Hermelin und anderen Tieren. Sie gibt herrenlosen Tieren ein neues Zuhause und vermittelt sie weiter.

Kontakt

Miriam Winzel
Siemensstraße 22
75428 Illingen
Telefon (0 70 42) 27 61 48
oder (01 77) 8 11 82 81
Internet:
www.ein-herz-fuer-frettchen.de

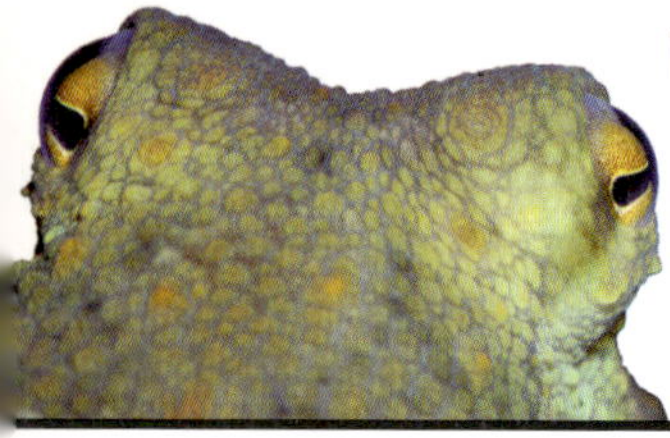

Knochenloser Kraftprotz mit Machoallüren

Ich habe mich so auf Ferdinand gefreut. Aber Ferdinand sitzt in seiner Höhle und schmollt. Er denkt nicht im Traum daran, sich blicken zu lassen. Dabei ist Ferdinand von seinem Naturell her nicht gerade zurückhaltend. Man könnte sogar behaupten, er ist dreist!

Jeden Morgen liefert der verspielte Krake eine für ein Weichtier wirklich beeindruckende Show. Während Kai-Uwe Gensel sein Aquarium säubert, behindert er den Tierpfleger, wo es nur geht: Er bespritzt ihn mit Wasser, klammert sich an seinen Arm und turnt über den Becken-

Krake Ferdinand lümmelt in einer Amphore.

rand. Nur heute nicht. Irgendetwas passt ihm nicht. Ich kann ihn mit leckeren Makrelen locken, wie ich will, er bleibt stur.

Ferdinand hat in seinem Dickkopf ein großes Gehirn und zählt damit zu den intelligentesten und lernfähigsten wirbellosen Tieren. Eigenschaften, die er durchaus zu nutzen weiß. Zum Beispiel zum Ausbüchsen. Wenn ich Stammheim auf seine Ausbruchsicherheit prüfen sollte, würde ich Ferdinand hineinsetzen. Ferdinand ist wie Wasser, er findet seinen Weg durch die kleinste Ritze, zwängt seinen 1,20 Meter langen Körper durch jeden noch so winzigen Spalt. Wie Spaghetti kann er seinen Körper in die Länge ziehen. Und als ob das nicht schon beachtlich genug wäre, verfügt dieser schneckenweiche Kopffüßer auch noch über hemmungslos viel Kraft. Keine Ahnung, wie er das ohne jeden Knochen und Knorpel im Leib anstellt, aber seine acht Saugarme stemmen mühelos 25 (!) Kilogramm, weshalb sein Aquarium in der Wilhelma wie ein Hochsicherheitsgefängnis verriegelt werden muss.

Irgendwo, denke ich, muss dieses Wasser-Wundertier doch auch Schwächen haben.

»Kraken haben kein Herz«, meint Kai-Uwe Gensel. Bingo! Na also! »Kraken haben gleich drei!« Ich komme aus dem Staunen gar nicht mehr raus. Selten hat mich ein Meeresbewohner so in seinen Bann gezogen.

Tiersteckbrief

Name: Krake.

Wissenschaftlicher Name: Octopus vulgaris.

Stamm: Weichtiere.

Klasse: Kopffüßer.

Arten: Die Gattung Octopus umfasst etwa 200 verschiedene Arten.

Größe: Die größten Kraken, Riesenkraken (Octopus dofleini), können Spannweiten von neun Meter erreichen.

Heimisch in: Mittelmeer, Atlantik und Nordsee.

Lebensraum: Kraken leben vorwiegend in Flachwasserregionen, besonders die großen Arten kommen aber auch in größeren Tiefen bis 200 m vor. Kraken halten sich meist am Meeresboden und an Felsküsten auf. Dort kriechen sie über den Boden oder laufen mit ihren Fangarmen wie auf Stelzen. Kleine Kraken halten sich auch gerne auf Seegraswiesen auf.

Anzahl Junge: Bis zu 150 000 Eier, bekommen aber nur einmal im Leben Nachwuchs.

Nahrung: Meerestiere wie Krebse, Fische, Muscheln.

Tag-/Nachtaktiv: Nachtaktiv.

Lebenserwartung: Ein bis zwei Jahre.

Gefährdete Art: Derzeit noch nicht gefährdet.

Und so geärgert. Ferdinand ist immer noch bockig.

»Er ist wie ein kleines Kind«, schmunzelt Kai-Uwe Gensel, »beim Putzen klaut er mir ständig den Schrubber. Wenn ich Ferdinand dann bekniee, ihn wieder rauszurücken, behält er ihn erst recht. Ihm den Schrubber zu entreißen, ist zwecklos, gegen den kleinen Kraftprotz habe ich keine Chance. Spiele ich ihm aber Desinteresse vor und mache etwas anderes, verliert er augenblicklich den Spaß an der Sache und lässt den Schrubber los.«

Also wenden wir dem störrischen Polypen auch jetzt demonstrativ den Rücken zu und beschäftigen uns angestrengt mit den Seesternen. Ist ihm egal! Ferdinand will nicht rauskommen.

Ganz offensichtlich empfangen Kraken Kamerateams oder Artgenossen nicht gerade mit offenen Armen, auch wenn sie nun wahrlich genug davon haben. So ein Octopus ist am liebsten allein. Selbst bei der Paarung hält das Männchen noch größtmöglichen Abstand. Man könnte sagen, er schwängert das Weibchen »am langen Arm«. Seine Spermien verabreicht er seiner Auserwählten nämlich mit dem so genannten »dritten Arm«. Ein Blick auf ihr Hautmuster, und er weiß, ob sie dafür bereit ist.

Kraken: unglaublich faszinierend

Die Meeresbewohner tragen quasi ihre Gedanken als rasch wechselndes Farbmuster auf der Haut. Mit sich ändernden Mustern, Strukturen und Farben der Haut drücken sie Stimmungen aus oder passen sich rasend schnell an unterschiedliche Umgebungen an. Ob als körniger Sandboden oder verästelte Koralle, genial getarnt überlisten sie so Feinde wie Haie und Rochen. Sollten die das Täuschungsmanöver doch mal durchschauen, vernebelt der Tintenfisch seinen Verfolgern mit einer schwarzen Tinten-Wolke die Sicht. Oder er versteckt sich wie Freund Ferdinand in seiner Höhle.

»Keine Ahnung, was das sonst so verspielte und neugierige Kerlchen heute hat«, wundert sich sein Tierpfleger. »Jeden Tag müssen wir uns für Ferdinand ein abwechslungsreiches Unterhaltungsprogramm ausdenken. Sonst langweilt er sich buchstäblich zu Tode. Kraken brauchen die Herausforderung, wollen

Das Wasser-Wundertier zeigt Größe.

täglich neue Aufgaben lösen und lernen, sonst beißen sie sich die Arme ab und richten sich selbst zu Grunde. Die schlauen Tiere können sich auch Farben und Formen merken und finden sogar den Weg aus komplizierten Labyrinthen. Ferdinand liebt es zum Beispiel, wenn wir ihm Krebse oder Garnelen in einem Glas mit Schraubverschluss reichen. Das schraubt er dann in Nullkommanichts auf. Mit seinen kräftigen Kiefern, die einem Papageienschnabel ähneln, und seiner Raspelzunge zerkleinert er seine Nahrung, seine Verdauungssäfte verflüssigen sie und er saugt den Brei dann nur noch auf.«

Plötzlich klingelt mein Handy, und ich verlasse kurz den Raum. Als ich nach etwa zehn Minuten zurück-

Die Stuttgarter Wilhelma

Krake Ferdinand treibt seine Spielchen in der Stuttgarter Wilhelma. Neben dem spannenden Weichtier können Sie dort das größte Aquarium Süddeutschlands bewundern: mit hunderten Fischarten aus den unterschiedlichsten Lebensräumen vom Schwarzwaldbach bis zur Südsee.

Öffnungszeiten
Die Wilhelma ist zu allen Jahreszeiten täglich morgens ab 8.15 Uhr geöffnet. Der Park ist mit Einbruch der Dunkelheit – spätestens um 20 Uhr – zu verlassen.

Kontakt
Die Stuttgarter Wilhelma bietet allgemeine und themenbezogene Führungen. Anfragen und Voranmeldungen bei:
Wilhelma,
Zoologisch-botanischer Garten
Postfach 50 12 27
70342 Stuttgart,
Telefon (07 11) 54 02-0
Internet: www.wilhelma.de

Staatliches Museum für Naturkunde Karlsruhe

Einen wunderbaren Kraken gibt es auch in Karlsruhe im Vivarium des Staatlichen Museums für Naturkunde zu bestaunen.

Öffnungszeiten
Dienstag bis Freitag 9.30 Uhr bis 17 Uhr. Samstag und Sonntag 10 Uhr bis 18 Uhr. Montags geschlossen.

kehre, begrüßt mich mein Team mit einem breiten, leicht hämischen Grinsen. »Ich hab's mir ja gleich gedacht, aber jetzt ist es raus«, frozzelt mein Tonkollege, »Ferdinand hat keine Angst vor der Kamera, er hat was gegen Frauen. Genauer gesagt: Er hat was gegen DICH! Kaum warst du zur Tür raus, ist er aufgetaucht und hat sich problemlos von uns Männern anfassen und mit Makrele füttern lassen. Hier schau dir die Filmaufnahmen an.«

Ich wüsste ja schon gerne, warum er mich meidet, werde es aber wohl nie erfahren. Egal, ist doch nur ein Weichtier, versuche ich mich zu trösten. Aber so ein ganz kleines bisschen nehme ich die Sache mit Ferdinand dann doch persönlich.

Kontakt
Staatliches Museum
für Naturkunde Karlsruhe
Erbprinzenstraße 13
76133 Karlsruhe
Telefon (07 21) 1 75-21 11
Internet: www.smnk.de

Eine weitere Besonderheit sind dort die extrem seltenen Krokodiltejus. Unbedingt sehenswert!

Sea Life Konstanz

In Konstanz im Sea Life Center wartet die ebenfalls sehr verspielte Krake Mumpfi auf Besucher.

Öffnungszeiten
Von Juli bis 11. September 10 bis 19 Uhr. Von Mai bis Juni und ab 12. September bis Oktober 10 bis 18 Uhr (täglich). Von November bis April (Montag bis Freitag) 10 bis 17 Uhr. Samstag, Sonntag, Feiertage und Ferien in Baden-Württemberg 10 bis 18 Uhr. Letzter Einlass jeweils eine Stunde vor Schluss. Heiligabend geschlossen.

Kontakt
Sea Life Konstanz
Hafenstraße 9
78462 Konstanz
Telefon (0 75 31) 1 28 27-0
Internet: www.sealife.de

Höckerloses Kamel im Königspudel-Look

Um die obligatorische Frage gleich am Anfang zu klären: Nein, Alpakas spucken nicht! Das behauptet zumindest Martin Kottmann, Herr über die größte Alpakazucht Europas. Und der muss es wissen. Untereinander, so lenkt er ein, im Streit um Futter oder bei sonstigen Meinungsverschiedenheiten bespucken sich Alpakas, klar, aber sie rotzen nicht auf Menschen, da müsse man schon sehr unglücklich in die Ziellinie geraten. Das beruhigt uns und Kameramann Nico Wöhrmann beginnt mit den Dreharbeiten.

Grob beschrieben sehen Alpakas aus wie zu heiß gebadete Lamas. Mit

Ungeschorene Alpakas in verschiedenen Farbnuancen

ihren ausladenden, wuscheligen Köpfen und Beinen und den ansonsten kurzgeschorenen Körpern erinnern diese Exemplare hier aber eher an riesige Königspudel.

»Wir haben unsere Alpakas gerade geschoren«, erklärt Martin Kottmann, »damit die Tiere wenigstens im Gesicht ihr typisches Aussehen behalten, lassen wir die Haare an Kopf und auch an den Beinen lang. Sieht nett aus, oder?!«

Ungeachtet ihrer eigenwilligen Frisur kauen die 120 Andentiere entspannt vor sich hin und schenken uns hin und wieder einen wehmütigen, leicht hochnäsigen Blick. Die Haustiere der Indios ausgerechnet auf Weiden zwischen Heidenheim und Schwäbisch Hall, am Rande der Schwäbischen Alb anzutreffen, erscheint mir sehr eigentümlich. Mancher vom Weg abgekommene Autofahrer hat sich bei ihrem Anblick sicher erschrocken gefragt, ob er sich nicht verfahren habe.

Eine hübsche cremefarbene Stute nähert sich mir, ich streichle vorsichtig durch ihren dichten Kopf-Pelz, ihre feine Wolle erinnert mich an Kaschmir. »Alpakawolle ist noch weicher und wärmer als Kaschmir«, erklärt mir der Züchter, »und es gibt sie von weiß bis schwarz in 22 natürlichen Farbnuancen, was den Vorteil hat, dass man die Textilien nicht färben muss. Trotzdem bringt die Wolle nicht sehr viel ein, wir verkaufen die Tiere hauptsächlich an Privatleute.«

Tiersteckbrief

Name: Alpaka.
Wissenschaftlicher Name: Lama pacos (oder Vicugna pacos, da nicht eindeutig geklärt ist, ob das Alpaka vom Vikunja oder vom Guanako abstammt).
Klasse: Säugetiere.
Ordnung: Paarhufer.
Familie: Kamele.
Gattung: Lamas.
Größe: Zwischen 80 und 100 cm Schulterhöhe.
Heimisch in: Den Südamerikanischen Anden vor allem in Peru, Bolivien, Argentinien, Chile.
Lebensraum: Hochgebirge, Grasland, Steppe, Halbwüsten.
Anzahl Junge: Eins, ganz selten Zwillinge.
Nahrung: Rein pflanzlich, Gräser, Blätter, Heu.
Tag-/Nachtaktiv: Tagaktiv.
Lebenserwartung: In freier Wildbahn bis zu 20 Jahre.
Gefährdete Art: Sind nicht gefährdet und stehen nicht unter Schutz. Weltweit gibt es 3 Millionen Alpakas, in Deutschland etwa 2000.

Längst sind die Nutztiere aus den Anden beliebte Haustiere. Schlappe 6000 bis 8000 Euro muss man für die kleine Form des Kamels hinblättern. Viel Geld für ein Tier,

»Er« singt »Ihr« beim Liebemachen zärtlich ein Ständchen.

Die Andentiere frisch geschoren im Königspudel-Look

das man nicht mal reiten kann. Zuchthengste erzielen auf amerikanischen Auktionen sogar bis zu 100 000 Dollar! Aber die Liebhabertiere überzeugen anscheinend mit ihren vielen guten Eigenschaften: Die kleinen Verwandten des Lamas sind intelligent, gutmütig, anspruchslos, robust und können das ganze Jahr über im Freien gehalten werden. Die genügsamen Landschaftspfleger rupfen nicht wie Pferde und Schafe das Gras mit der Wurzel aus und schonen zusätzlich mit ihren weichen ledernen Zehenballen die Wiesen. In Australien nutzen Tausende von Schafzüchtern die wehrhaften Wiederkäuer sogar als Wachtiere. Dort hüten und beschützen die sanft dreinblickenden Tiere mit Bissen, Spucke und Tritten die Schafe vor Füchsen und Raubvögeln.

Und dann höre ich, wie die hinreißenden Fohlen, die Crias, mit ihren schönen Müttern, den Hembras, plaudern und finde ihren Preis auf einmal gar nicht mehr so hoch.

»Mit dem Fiepen, Brummen und Summen halten sie Kontakt zur Mutter«, erklärt mir der Züchter. »Wenn ein Fuchs auftaucht, dann pfeifen die erwachsenen Tiere, man hört sie aber auch zwitschern, grunzen und glucksen. Alpakas geben ganz verschiedene Töne von sich, ich wüsste auch zu gerne, was sie im Einzelnen bedeuten.«

Den Geburtstermin der Crias legt Martin Kottmann jedes Jahr genau fest, denn die Wundertiere aus den Anden haben keinen Zyklus! Mit kraftraubender Brunst, unnötig langen Phasen blöden Getues halten sich die Hochgebirgstiere gar nicht erst auf, sie kommen zackig zur Sache. Trifft die Hembra auf den Hengst, den Macho, hat sie ihren Eisprung, keine Minute früher oder später! Das ist Erfolg versprechend und hat den unschlagbaren Vorteil, dass die Stute

Mit eigenwilliger Frisur

das ganze Jahr über trächtig werden kann. Also arrangiert der Züchter die Treffen so, dass die Fohlen nicht mitten im kalten Winter, sondern zur angenehmsten Jahreszeit das Licht der Welt erblicken.

Zu so einem Stelldichein führt Martin Kottmann eine wunderschöne schokoladenbraune Stute. Wir warten gespannt, was passiert.

Den Kopf erhaben in den Himmel gestreckt, flaniert der Obermacho der Herde wichtigtuerisch über einen kleinen eingezäunten Platz und kann es kaum erwarten. Sich seiner Schönheit und Kraft bewusst, wirft er sich stolz in die Brust und baut sich vor uns auf. Die Kleine soll endlich herkommen! Er ist bereit! Und ehe er sich versieht, bekommt er von der zierlichen Stute so dermaßen den Frack voll, wird wüst bespuckt und getreten, dass sein ganzes Machogetue wie ein Haufen Heu in sich zusammenfällt. »Das ist der Alpaka-Schwangerschaftstest. Wenn Stuten sich so wehren, ist das das untrügliche Zeichen, dass sie bereits trächtig sind«, lacht der Züchter, führt die Unwillige wieder in den Stall, um kurz darauf mit einer grazilen Rotbraunen zurückzukehren.

Unser Macho, sichtlich verunsichert, sondiert erst mal hinter einer schützenden Mistkarre kleinlaut die Lage. Die kleine Rote, offensichtlich nicht trächtig, kauert sich bereitwillig auf den Boden. Hocherfreut schürzt er die Lippen und stürzt sich mit einem seltsam jammernden Singsang auf sie.

Bis ein hinreißendes Fohlen geboren wird, dauert es fast ein Jahr, und auch für die Liebe nehmen sich die gründlichen Tiere ordentlich viel Zeit: Ausdauernde 45 Minuten dauert die Vereinigung, ununterbrochene, unerbittliche 45 Minuten zärtliches Jammer-Ständchen inklusive.

Selbst bei der Geburt machen es die unglaublich pflegeleichten Tiere

Die hinreißenden Alpakafohlen werden »Crias« genannt.

ihren Besitzern einfach und lassen diese nachts schlafen. Weil es in den Anden in bis zu 5000 Meter Höhe in den Nächten bitterkalt ist, bringen die Hembras ihre Crias immer nur vormittags auf die Welt.

»Wie sind Sie eigentlich an die Tiere gekommen?«, möchte ich wissen.

»Mitte der Achtziger haben wir ein ganzes Flugzeug gechartert und mehrere Dutzend Tiere aus den Anden hier nach Waldstetten eingeflogen, das war ein Traum der Familie, zugegeben ein bisschen verrückt, aber den haben wir uns verwirklicht.«

Mit einem rotzenden Geräusch und einer ordentlichen Portion Spucke setzt ein Alpaka hinter uns einen deutlichen Punkt unter das Gespräch. Nur gut, denke ich, während ich mir die Wange abwische, dass Alpakas nicht auf Menschen spucken. Aber wenigstens war's nicht persönlich gemeint!

Reitstall und Alpaka-Center Edelhof

Familie Kottmann bietet Betriebsführungen mit Fütterungen, Vorträgen und Ferien für Kinder an.

Kontakt
Familie Kottmann,
73550 Waldstetten,
Telefon (0 71 71) 4 27 45
Internet: www.edelhof.de

Alpakahof Erlebnistierpark

Auch auf dem Alpakahof können Sie die sanftmütigen Tiere hautnah erleben.

Öffnungszeiten
Täglich geöffnet von 9 bis 19 Uhr.

Kontakt
Alpakahof Erlebnistierpark
Haid 3
88410 Bad Wurzach
Telefon (0 75 64) 34 90
Internet: www.alpakahof.de

Weitere Alpakas

gibt es auch auf folgendem Hof:
Johanna Ruch
Talstraße 52
72532 Gomadingen (Wasserstetten)
Telefon (0 73 85) 96 89 90
Internet: www.achalm-alpaka.de

Warum Hunde vor Raben Komplexe bekommen

Unglücksrabe, Galgenvogel, Todesbote – ich kann nicht behaupten, dass der große, schwarze Vogel beliebt wäre. Sein Ruf ist, um es mal vorsichtig auszudrücken, ziemlich ramponiert.

Das war nicht immer so. Die Germanen verehrten den Raben als Göttervogel und einige Indianervölker huldigten ihm sogar als Schöpfer der Welt. Aber irgendwann brachen für den gefiederten Gesellen rabenschwarze Zeiten an. Plötzlich galt er als unheimlich, verschlagen, wurde er als Saaträuber gejagt, und die Tatsache, dass er sich hin und wieder an fremden Nestern vergreift, hat seinem Image auch nicht gerade gut getan.

Rabenvögel lassen ihre Nüsse auch mal von Autos knacken.

Selbst Dichter und Denker arbeiteten kräftig mit, den armen Kerl in Misskredit zu bringen: *»Fällt er in den Graben, fressen ihn die Raben ...«* Wir konnten noch keinen Fuß vor den anderen setzen, hat man uns mit diesem makaberen Kinderlied Angst eingejagt. Und als ob das Bild des hinterhältigen Aasfressers nicht schon gereicht hätte, setzte Wilhelm Busch mit seinem durch und durch verkommenen Hans Huckebein noch eins drauf.

Der Cleebronner Vogelexperte Klaus Ruge, der mit mir und meinem Team auf Rabenvögel-Exkursion unterwegs ist, kann solche Schmähungen nicht verstehen: »Natürlich frisst der Rabe auch Aas, aber damit erfüllt er eine wichtige Funktion! Als Gesundheitspolizei räumt er in Wald und Flur auf und ist dort unentbehrlich. Außerdem hat er mehr Grips als manches Säugetier. Neben dem Papagei ist er der intelligenteste und lernfähigste Vogel überhaupt.« Vor allem wenn es ums Fressen geht. Wie zum Beweis statuiert einer aus der Rabenvögel-

schar, die sich gerade genüsslich zu unseren Füßen mit von uns mitgebrachtem Brot und Nüssen vollstopft, ein Exempel. Der gerissene Kerl will etwas abseits der Truppe eine besonders schöne Nuss vergraben, merkt aber, dass er dabei dummerweise von ein paar Kumpels beobachtet wird, die später seinen Vorrat plündern könnten. Was macht der schlaue Bursche? Er stößt kurzerhand einen Warnruf aus, wartet, bis alle Konkurrenten erschrocken geflohen sind, und vergräbt in aller Ruhe seine Beute. Ganz schön clever!

Klaus Ruge erklärt mir, dass man Rabenvögel in sieben Gruppen einteilt: Häher, Elstern, Wüstenhäher, Tannenhäher, Alpenkrähen/Alpendohlen, afrikanische Piapias und Raben. Weltweit gibt es etwa 110 verschiedene Arten. Zu den Rabenvögeln zählt also auch der Eichelhäher, der sich mal eben 30 000 verschiedene Futterverstecke merken kann und sie auch noch nach Monaten ohne Probleme wieder findet! Saatkrähen, Rabenkrähen und Kolkraben zählen bei uns mit zu den bekanntesten Rabenvögeln. Dem Kolkraben, unserem größten einheimischen Singvogel, wird sogar ein IQ von 60 nachgesagt.

Unsere Saat- und Rabenkrähenschar scheint sich von ihrem Warnruf-Schrecken erholt zu haben und stürzt sich erneut mit lautem unmelodischem Gekrächze auf Brot und Nüsse. Kaum zu glauben, dass Rabenvögel zu den Singvögeln zählen und einen gut ausgebildeten Stimmapparat haben.

»Fast 80 verschiedene Laute haben Wissenschaftler festgestellt. Rabenvögel haben so etwas wie eine Sprache und innerhalb dieser viele Differenzierungen. Was die Laute im Einzelnen bedeuten, wissen wir

Tiersteckbrief

Name: Rabenvögel.
Wissenschaftlicher Name: Corvidae.
Klasse: Vögel.
Ordnung: Sperlingsvögel.
Unterordnung: Singvögel.
Heimisch in: Weltweit verbreitet.
Größe: Rabenkrähen 47 cm, Saatkrähe und Elster 46 cm, Eichelhäher 34 cm, Kolkrabe 64 cm.
Lebensraum/Nahrung: Nahrungs- und Biotop-Generalisten, das heißt, sie kommen mit Nahrung und Biotopen aller Art sehr gut zurecht. Sie fressen zum Beispiel Beeren, Sämereien, Aas, Schnecken, Muscheln, Regenwürmer, Insekten, Kleinsäuger, Vogeleier, Küken.
Anzahl Junge: Drei bis sechs Eier.
Tag-/Nachtaktiv: Tagaktiv.
Gefährdete Art: Nicht bedroht.

Die »Polizei des Waldes« räumt auf.

allerdings noch nicht«, klärt mich der Vogelexperte auf.

Eine Rabenkrähe malträtiert einen achtlos weggeworfenen Joghurtbecher und schlägt ihn mit ihrem Schnabel schwungvoll auf einen Holzstumpf. »Ich liebe den Spieltrieb der Gesellen«, schwärmt Ruge. »Sie müssen die Tiere mal in der Balz erleben, da laufen sie zu Höchstform auf. Dann beeindrucken sie ihre Angebetete mit Salto, Sturzflug oder segeln auf dem Rücken.« Das hätte ich zu gerne mal gesehen, aber die außergewöhnlichen Vögel mit dem komplexen Sozialleben sind dazu heute leider nicht in Stimmung.

»Wissen Sie«, fragt mich Ruge, »warum man Raben immer mal wieder an Ampeln sieht?«

Ich zucke die Schultern: »Keine Ahnung.«

»Dort warten sie mit ihren Nüssen im Schnabel auf Rot. Legen, sobald das Signal erscheint, ihr Futter auf die Fahrbahn und lassen es dann von den vorbeifahrenden Autos knacken. Bei der nächsten Rotphase holen sie sich die weichen Kerne.«

So eine unglaubliche Geschichte habe ich noch nie gehört! Aber es stimmt, gripsmäßig steckt der Rabenvogel selbst den Hund glatt in die Tasche. Von einem Vogel überflügelt zu werden, wäre für den Vierbeiner sicher ein traumatisches Erlebnis, aber zum Glück hat der Hund nicht die nötige Intelligenz, diese unabänderliche Tatsache zu erfassen. Forscher haben herausgefunden, dass Elstern sich sogar im Spiegel erkennen! Eine geistige Leistung, zu der sonst nur der Mensch und höhere Menschenaffen fähig sind. Damit sind Rabenvögel im tierischen IQ-Olymp ganz oben auf dem Treppchen gelandet.

Wenn Sie jetzt das nächste Mal auf einen Schwarm Saatkrähen, Rabenkrähen, Kolkraben oder Elstern treffen, sehen Sie die einfallsreichen Tiere vielleicht mit anderen, mit wohlwollenderen Augen.

Und dann ruft mir Ruge zum Abschied noch etwas nach, worüber ich noch eine Weile schmunzeln muss: »Wissen Sie, Frau Geßler, ich bin sicher, würden die Menschen ein schwarzes Federkleid tragen, nur wenige wären schlau genug, um Raben zu sein.«

Nabu Baden-Württemberg

Regelmäßige Vogel-Führungen bietet der Nabu Stuttgart an.

Kontakt
Nabu Baden-Württemberg
Tübinger Straße 15
70178 Stuttgart
Telefon (07 11) 9 66 72-0
Internet: www.nabu-stuttgart.de

Führungen in anderen Teilen des Landes können Sie in den jeweiligen Ortsgruppen erfragen. Die Ortsgruppe in Ihrer Nähe erfahren Sie über das Internet: www.nabu.de

Vogelwarte Radolfzell

Ornithologische Führungen bietet auch die Vogelwarte Radolfzell an.

Kontakt
Vogelwarte Radolfzell
Schloss Möggingen
78315 Radolfzell
Telefon (0 77 32) 1 50 10
Internet: www.orn.mpg.de

Viele ausführliche Informationen zu Rabenvögeln finden sich außerdem im Internet: www.samovila.de

Merkwürdige Comic-Heft-Tiere mit Pflanzensamentrick

Es gibt Kindheitsträume, die erfüllen sich erst, wenn man längst erwachsen ist. Ein Traum hat mich als Knirps lange umgetrieben: Ich wollte Urzeitkrebse züchten, wollte unbedingt wissen, wie die geheimnisvollen Tiere aussehen. Geklappt hat es nie. Wahrscheinlich, weil ich nicht mal den leisesten Schimmer hatte, was das überhaupt sein soll: ein Urzeitkrebs. Aber schon das Wort ließ mir wohlige Schauer über den Rücken laufen. Urzeitkrebs, das klingt nach Dino, Meer und Abenteuer.

Also kratzte ich mal wieder mein Taschengeld für einen Yps-Comic zu-

Feenkrebschen paddeln stets auf dem Rücken.

Hat die Saurier überlebt: der Triops

Wie Wesen aus einer anderen Welt

sammen, in dem manchmal ein Tütchen mit besagten Eiern lag, schüttete sie in ein mit Wasser gefülltes Marmeladenglas und wartete. Und wartete. Etwa 25 Jahre. Bis in einem Esslinger Garten mein Traum dann doch noch in Erfüllung geht. Dort, in riesigen Wasserbottichen, tummeln sie sich zu Hunderten: Feenkrebschen, Triops, Muschelschaler – Urzeitkrebse. Die älteste bekannte, noch lebende Tierart der Welt!

Uwe Dost hat sie in den Rheinauen aufgelesen und hält sie – anders als ich damals – sehr erfolgreich am Leben. Aber der Mann ist schließlich Biologe. Mit einem Käscher fischt er einen etwa elf Zentimeter großen Triops aus der dunkelbraunen Brühe und setzt ihn mir auf die Hand. Mir stockt der Atem. Unglaublich faszinierend: ein lebendes Fossil! Seit 200 Millionen Jahren hat es sich nicht verändert. So, wie es da auf meiner Hand zappelt, ist es schon den Dinos zwischen den Beinen rumgeschwommen und hat Tyrannosaurus und Co. mir nichts, dir nichts überlebt. Keine Naturkatastrophe konnte es auslöschen, so unvorstellbar robust ist es.

Auf seinem Panzer, der sich nach hinten in einen merkwürdig gegabelten Schwanz verjüngt, sitzen drei Augen. Triops ist Griechisch und bedeutet der Dreiäugige. Geatmet wird mit Kiemen in den Beinen. Ich kann mich nicht erinnern, je ein so merkwürdiges Tier gesehen zu haben.

Der Biologe setzt ein paar Urzeitkrebse in ein kleines Aquarium mit klarem Wasser, damit wir sie besser beim Schwimmen und Fressen beobachten können. Ein erstaunliches Schauspiel. Elfenzarte Feenkrebschen, die ein wenig wie rückenschwimmende Miniatur-Seepferdchen aussehen, rudern unablässig mit ihren zahllosen Beinchen, während die plumperen Muschelschaler, winzige Austern auf Stelzen, über den sandigen Boden hasten.

Wie kleine Austern auf Stelzen: die Muschelschaler

»Urzeitkrebse sind so genannte Filtrierer. Sie leben von Mikroorganismen wie Algen und Bakterien. Der große Räuber Triops erledigt aber auch fette Insektenlarven und Schnecken. Ursprünglich stammen sie aus dem Meer«, erklärt mir Uwe Dost. »Ihre Nahrungskonkurrenten, die Fische haben ihnen aber dort das Leben so zur Hölle gemacht, dass sie sich neue Lebensräume suchen mussten. Lebensräume, die sie mit keinem anderen Tier teilen müssen: Pfützen, Ackerfurchen, Flussauen. Temporäre Lebensräume, die nur fünf bis acht Wochen im Jahr bestehen. Und weil Urzeitkrebse nur kurz leben, sind sie schwer zu finden, weshalb viele Menschen sie noch nie zu Gesicht bekommen haben. Als die Flüsse noch nicht begradigt waren, als es noch unbefestigte Feldwege und viele Talauen gab, waren sie aber noch so zahlreich, dass man sie mit Eimern abgeschöpft und an die Schweine verfüttert hat.«

Tiersteckbrief

Unter der verallgemeinernden Sammelbezeichnung »Urzeitkrebse« werden in populärwissenschaftlichen Arbeiten drei Gruppen von Großen Kiemenfußkrebsen (Groß-Branchiopoden) – Rückenschaler (Notostraca), Feenkrebschen (Anostraca) und Muschelschaler (Conchostraca) – zusammengefasst. Dabei stellen sie keine Einheit im biologischen System dar (das heißt, sie sind nicht aus einer einzigen Urart hervorgegangen), noch handelt es sich dabei um sehr primitive, stammesgeschichtlich früh anzusiedelnde Krebstiere. Allerdings lebten die ersten Groß-Branchiopoden bereits vor 500 Millionen Jahren und etliche Arten haben seit Jahrmillionen (sozusagen doch seit »Urzeiten«) keine wesentlichen Gestaltänderungen erfahren. Beispielsweise wurden in 200 Millionen Jahre alten Sedimenten Fossilien von Rückenschalern gefunden, die den heutigen Arten sehr ähnlich sind.

Name: Rückenschaler.
Wissenschaftlicher Name: Notostraca.
Stamm: Gliederfüßer.
Unterstamm: Krebstiere.
Klasse: Kiemenfußkrebse.
Größe: Bis zu 11 cm.

Heimisch in: Weltweit. In Deutschland lebt vor allem der bis zu 10 cm groß werdende Fischschuppen-Rückenschaler Lepidurus apus, der im Frühjahr auftritt, da er kühle Gewässer bevorzugt. Der ebenfalls bei uns heimische Triops cancriformis wird bis zu 11 cm lang und bevorzugt warme Gewässer, die sich zum Beispiel nach Sommergewittern bilden.

Lebensraum: Süßwasser, Extrembiotope, temporäre Gewässer.

Nahrung: Als Jungtiere vor allem Mikroorganismen, Algen, Bakterien, organische Schwebeteilchen, Kleinstplankton. Später auch Aas, Gliedertiere, Würmer.

Tag-/Nachtaktiv: Tagaktiv.

Lebenserwartung: Bis zu 12 Wochen (Eier können Jahrzehnte im Boden überdauern).

Gefährdete Art: Da der Mensch heute die Natur weitestgehend nach seinem Willen umgestaltet hat und zum Beispiel keine periodisch überschwemmten Flächen mehr in seiner Kulturlandschaft duldet, sind viele früher einst sogar sehr häufig vorkommende Urzeitkrebsarten, etwa Triops cancriformis, inzwischen sehr selten geworden beziehungsweise bereits ausgestorben.

Name: Feenkrebschen.

Wissenschaftlicher Name: Anostraca.

Größe: Einige Millimeter, durchschnittlich 2 bis 3 cm, die größte Art wird bis zu 12 cm groß.

Heimisch in: Verbreitung weltweit. In Deutschland heimisch: Branchipus schaefferi, Eubranchipus (Siphonophanes) grubii, Tanymastix stagnalis, Chirocephalus diaphanus und das Salzkrebschen Artemia salina. Feenkrebschen filtrieren Mikroorganismen, Schwebeteilchen und Algen aus dem Wasser.

Gefährdete Art: Vom Aussterben bedroht.

Name: Muschelschaler.

Wissenschaftlicher Name: Conchostraca.

Größe: 0,5 bis 2 cm.

Heimisch: Weltweit verbreitet. Auch Muschelschaler sind Filtrierer.

Gefährdete Art: In Deutschland sind vier Arten heimisch, die allesamt stark in ihrem Bestand bedroht sind. Aus dem einstigen Vorteil des »Lebens auf Zeit«, das heißt dem Überdauern schlechter Zeiten im »Dornröschenschlaf«, wurde den Urzeitkrebsen inzwischen ein Nachteil. Denn der Schutz von Tieren, die zum Teil jahrzehntelang nicht aufzufinden sind, quasi nicht vorkommen, fällt offenkundig sehr schwer.

Feenkrebschen mit Eiern im Hinterleib

Ich finde es fast ein bisschen unheimlich: Wie aus dem Nichts tauchen die Urzeitkrebse im Sommer urplötzlich auf, um Wochen später genauso mysteriös wieder zu verschwinden. Urzeitkrebse sind kleine Zombies. Ihr Motto: Leben, wenn es sich zu leben lohnt. Das heißt, sie erwachen aus ihrem Dornröschenschlaf, wenn sich neuer Lebensraum, zum Beispiel eine Pfütze bildet. Trocknet diese aus, sterben sie. Nicht aber ihre Eier. Die bleiben im Boden zurück und warten auf bessere Zeiten. Darin sind sie nicht nur sagenhaft ausdauernd, sie sind auch unvorstellbar robust. Selbst extreme Bedingungen können ihnen nichts anhaben. Forscher haben die Eier mit kochendem Wasser übergossen, sie extremer Kälte ausgesetzt, ihnen jeglichen Sauerstoff entzogen – die Dauereier blieben unversehrt. Jahrzehnte (!) überleben sie in der Erde, bis der nächste große Regen grünes Licht für lebenswerte Bedingungen gibt. Ein Tier mit der Strategie eines Pflanzensamens.

Das Unglaublichste ist aber, dass Urzeitkrebs-Embryos nicht mal einen Stoffwechsel haben! Sie können ihre Entwicklung jederzeit beginnen, kleine Zombies eben. Diese Art zu Leben kommt sonst nirgends im Tierreich vor. Kein Wunder, dass die Menschen früher für ihr plötzliches Auftauchen in Pfützen und Ackerfurchen nur eine Erklärung fanden: Sie müssen vom Himmel gefallen sein.

Uwe Dost

Urzeitkrebse und Informationen zu den Tieren bekommen Sie von Uwe Dost.

Kontakt
Uwe Dost
Hohenackerstraße 12
73733 Esslingen
Telefon (07 11) 37 31 05
E-Mail: Uwe-Dost@t-online.de

Stuttgarter Löffel im Rampenlicht der Statistik

Geheimnisvolle Dinge geschehen im Stuttgarter Rosensteinpark. Jeder Busch und jeder Strauch scheint einen heimlichen Untermieter zu haben. Überall raschelt es, scharrt es, mümmelt es. Nur selten huschen verstohlen langbeinige Gestalten über den Rasen.

Erst wenn die Sonne hinter den Häusern der Stadt versinkt, wagen sich die scheuen Bewohner zu Dutzenden aus ihren Verstecken. Im Schutz der Nacht bevölkern sie die Parkanlage und schlagen sich mit sattem Grün die Bäuche voll.

Doch heute ist Schluss mit heimlich! Heute kommt es ans Licht! Jedes einzelne Tier! Denn sie sind wieder unterwegs: die Hasenzähler! Und ich darf bei dieser außergewöhnlichen Autosafari dabei sein. Meterlange Lichtkegel tanzen über den nachtschwarzen Rasen, lassen Hasen-Pupillen blitzartig rot aufleuchten.

Stuttgarter Langohr im Lichtkegel der Hasenzähler

»Hase, Hase, Hase ...«, diktiert Hasenzähler Lutz Plasa jedes angestrahlte Augenpaar seinem Beifahrer in den Erfassungsbogen. »Hase, Hase, Hase, Hase ...«, wieder landen vier Langohren als Bleistiftstriche in der Statistik.

Zweimal im Jahr, im Frühjahr und im Herbst, werden alle mümmelnden Parkbewohner in einer Art Volkszählung im Auftrag der Wildforschungsstelle Aulendorf erfasst. »NIEDERWILDZENSUS« (sehr »schönes« Wort!) nennt sich diese Veranstaltung, was so viel heißt wie »niederes Wild zählen«, also wild lebende Tiere bis etwa Schäferhundgröße.

»Zählen Sie auch Kaninchen?«, will ich von Lutz Plasa wissen.

»Nein, die gibt es hier gar nicht. Stuttgart hat knochentrockene Böden, und an denen graben sich die unter der Erde lebenden Wildkaninchen buchstäblich die Pfötchen wund.« Feldhasen, die wir heute Nacht zählen, juckt der harte Boden herzlich wenig, schließlich verstecken sie sich tagsüber in Gestrüpp oder oberirdischen Kuhlen, den so genannten Sassen.

»Hase, Hase, Hase, Hase ...«

»Wozu zählen Sie die Tiere?«, unterbreche ich Lutz Plasa.

»Feldhasen gehören wie Rebhuhn, Fuchs und Dachs zu den so genannten Zeigerarten, das sind meist rückläufige Arten, die wir über Jahre hinweg genau beobachten. Also *Arten*, die uns etwas *zeigen*. Wir ermitteln, wie viele Tiere in einem Gebiet leben, wie eifrig sie sich vermehren, welchen Einfluss die Umwelt auf sie hat, ob es noch genügend Tiere gibt, ob sie vom Aussterben bedroht sind und so wei-

Tiersteckbrief

Name: Feldhase.

Wissenschaftlicher Name: Lepus europaeus.

Klasse: Säugetiere.

Familie: Hasen.

Größe: 60 bis 70 cm lang.

Heimisch in: Europa und dem westlichen Asien sowie in Nordafrika.

Lebensraum: Steppengebiete, Wälder und die Alpen bis in 1600 m Höhe.

Nahrung: Rein pflanzlich. Gräser, Getreide, Kohl, Klee, Knospen, Triebe, Rinden, verschiedene Kräuter (Hasenapotheke).

Anzahl Junge: Eins bis drei.

Tag-/Nachtaktiv: Dämmerungs- und nachtaktiv.

Lebenserwartung: In Menschenobhut 9 Jahre, in freier Wildbahn 4 Jahre.

Gefährdete Art: Bestände sind in den meisten Teilen Deutschlands rückläufig.

Tagsüber zeigen sich Feldhasen selten.

Die beiden Hasenzähler Dr. Lutz Plasa und Mario Lehmann auf nächtlicher Mission im Stuttgarter Rosensteinpark

Nirgends in Deutschland gibt es so viele Hasen wie in Stuttgart.

ter. Aus diesen Daten schließen wir Jäger und Wildhüter dann, was für die Tiere getan werden muss.«

»Also ähnlich wie bei einer Volkszählung, wo man aus den erhobenen Daten Rückschlüsse auf notwendige Wohnungsbauprogramme und Ähnliches zieht?«, hake ich nach.

»Genau. Wir lesen aus den Zahlen, ob die Hasen zum Beispiel mehr Verstecke wie Hecken benötigen oder ob der Beutegreiferdruck zu groß ist. Also ob zu viele Fressfeinde den Feldhasen nachstellen.«

Der riesigen Mümmler-Schar in unserem Lichtkegel nach zu schließen, scheint der BEUTEGREIFERDRUCK (ich möchte wirklich wissen, wer um alles in der Welt sich all diese sperrigen Begriffe ausdenkt) hier im

Stuttgarter Rosensteinpark nicht allzu groß.

Keiner kann sagen, warum, aber irgendwann ließ sich ein Langlöffelpärchen ausgerechnet hier mitten in der Stadt nieder. Freunde und Verwandte der beiden hielten das anscheinend für eine gute Idee und folgten den Pionieren. Und seitdem vermehren sie sich hier prächtig.

Dank der eifrigen Hasenzähler weiß man, dass mitten in der Großstadt Stuttgart die größte Hasenpopulation ganz Deutschlands lebt! In keinem Wald, auf keiner Wiese der ganzen Republik tummeln sich mehr Feldhasen als hier in diesem Park. »Und das«, so Lutz Plasa, »Hase, Hase, Hase – obwohl hier allein 4000 Stadtfüchse den Mümmlern das Leben schwer machen müssten. Die lassen aber anscheinend die Pfoten von den Langohren. Warum, weiß keiner. Im Übrigen leben die Tiere hier seit Jahren wie auf einer Insel. Durch die mittlerweile dicht befahrenen Straßen rund um den Park kommen von außen keine neuen Tiere mehr zur Blutauffrischung hinzu, alle sind miteinander verwandt, und das ist auf Dauer gar nicht gesund.« Eigentlich. Den Stuttgarter Hasen scheint das aber ganz offensichtlich egal zu sein. In ganz Deutschland gibt es Jahr für Jahr weniger Feldhasen, nur im Stuttgarter Rosensteinpark nicht. Trotz Fuchs und Inzucht. In dieser einzigen Nacht zählen wir stattliche 123 Exemplare.

»Und warum vermehren sich die Hasen hier wie die Karnickel?«, will ich wissen. Der Hasenzähler zuckt mit den Schultern. »Wir wissen es nicht. Das bleibt eines der ganz großen Geheimnisse und das kann leider auch die Hasenzählung nicht lüften.«

Aber keine Frage, Lutz Plasa wird auch weiterhin Löffel zählen. Im Frühjahr heißt es dann wieder: »Hase, Hase, Hase ...«

Wildforschungsstelle Aulendorf

Weitere Informationen über Wildvorkommen und Wild-Forschungsprojekte erhalten Sie bei der Wildforschungsstelle Aulendorf.

Kontakt
Wildforschungsstelle
Aulendorf
Lehmgrubenweg 5
88326 Aulendorf
Telefon (0 75 25) 9 42-3 40
Internet: www.lvvg-bw.de

Gibt es Freundschaft unter Tieren?

Versonnen, mit halb geschlossenen Augen leckt mir Ikarus mit seiner monströsen Käsereibe-Zunge zärtlich die Handinnenflächen.

»Er scheint Sie wirklich zu mögen«, witzelt Leopold Peitz, Leiter des Versuchsgutes der Uni Hohenheim in Eningen unter Achalm. »Charlotte würde da sonst was für geben«. Ich weiß nicht so recht, ob ich mich geschmeichelt fühlen soll, dass ein brauner, etwa 1000 Kilo schwerer Zuchtbulle auf mich steht, während er die bezaubernde Kuh Charlotte kaltherzig links liegen lässt.

Wenn zwei sich mögen, stehen sie dicht zusammen.

Für die verschmähte Charlotte hat das idyllische Bild, wir inmitten einer glücklichen Kuhherde, Ikarus und seine bezaubernden Damen, einen gewaltigen Kratzer. 59 seiner erstklassigen Französinnen hat unser gehörnter Casanova mit größtem Vergnügen zur Mutter gemacht. Aber von Charlotte lässt er hartnäckig die Hufe. Er will sie ums Verrecken nicht beglücken! Nix zu machen! Basta!

»Arme Charlotte!« Leopold Peitz tätschelt der Verschmähten mitleidig den Hals. »Bei ihr muss immer der Tierarzt nachhelfen, warum er sie nicht leiden kann, würden wir nur allzu gerne wissen.«

»Gibt es das wirklich«, frage ich ungläubig, »ein Bulle, der eine Kuh nicht leiden kann?«

»Aber natürlich«, meint der Wissenschaftler. »Zwei Jahre haben ich und meine Kollegen die Huftiere rund um die Uhr beobachtet. Und hier gibt es eindeutig Freundschaften und Feindschaften. Wie beim Menschen auch.« Damit haben Leopold Peitz und seine Leute wissenschaftlich bewiesen, was Bauern, Hirten und Landtierärzten schon lange klar ist, die Wissenschaft aber lange geleugnet hat: Noch bis in die 1960er Jahre galt Freundschaft als ein Kriterium, das den Menschen zum Menschen macht und von den Tieren abgrenzt. Später wurde sie dann zähneknirschend auch den Primaten zugesprochen. Aber nur den Allerhöchsten.

Tiersteckbrief

Name: Salers-Rind.
Wissenschaftlicher Name: Bos taurus.
Klasse: Säugetiere.
Ordnung: Paarhufer.
Familie: Hornträger.
Unterart: Hausrind.
Größe: Widerristhöhe 148–155 cm.
Heimisch in/Lebensraum: Die Rasse stammt aus den vulkanischen Bergen des französischen Zentralmassivs, Region Auvergne.
Anzahl Junge: Eins, ganz selten zwei.
Nahrung: Reiner Pflanzenfresser. Gras, Kräuter, Heu.
Tag-/Nachtaktiv: Tagaktiv.
Lebenserwartung: 18 bis 25 Jahre.
Gefährdete Art: Nicht gefährdet.

Und jetzt das! Selbst die als nicht besonders helle geltenden Kühe hegen Freundschaften. Wie Sarah und Lea. »Die sind ganz dicke«, erklärt mir Leopold Peitz. »Sie grasen, schlafen, gehen miteinander.« Ob zwei sich mögen, erkennen die Wissenschaftler am Abstand der Tiere zueinander. Kühe sind so genannte Distanztiere, sie lassen nicht jeden an sich ran. Nur Freunde dürfen wirklich nahe kommen.

»Einander zärtlich den Pelz lecken, das machen meist nur Freunde,

Auch Pferde gehen gemeinsam durch dick und dünn.

und es dient keineswegs nur der Körperpflege. Salers-Kühe sind zudem eine eigenwillige Rasse. Normalerweise lässt hier keine Kuh fremde Kälber an ihrem Euter trinken, aber bei Lea und Sarah ist die Milchbar für das Kalb der anderen stets geöffnet. »Der Beweis«, so Leopold Peitz, »dass es ein großes Vertrauensverhältnis zwischen den beiden gibt, sie also Freunde sind. Freundschaft«, erklärt der Wissenschaftler weiter, »geht über das normale soziale Verhalten hinaus. Also eine Bindung, die nicht sexuell motiviert ist oder einen sozialen Nutzen bringt.« Wie der Mensch bevorzugen die Huftiere Artgenossen, die ihnen ähnlich sind, sei es in Alter oder Aussehen. Und wie beim Menschen gibt es auch Einzelgänger. So gammelt »Zicke« Belina den ganzen Tag gepflegt mit ihrer Tochter am Rand der Herde rum und will von den anderen blöden Kühen da drüben nichts wissen.

»Warum haben Sie für ihre Verhaltensstudien ausgerechnet Kühe ausgewählt?«, hake ich nach.

»Landwirtschaftliche Nutztiere sind für diese Art der Verhaltensforschung besonders geeignet, weil deren Herkunft in den Zuchtbüchern genau dokumentiert ist. Familienbande können so ausgeschlossen werden. Wir haben unsere Studien zusammen mit meinem Kollegen Professor Werner Bessei auch ein paar Kilometer weiter auf dem Gestütshof Sankt Johann mit Pferden gemacht und sind zu ähnli-

Wer neben wem liegt, ist kein Zufall.

Auf der Weide des Versuchsgutes der Uni Hohenheim in Eningen

Leopold Peitz erklärt, woran man Tierfreundschaften erkennt.

chen Ergebnissen gekommen. Dort gibt es zum Beispiel Pferde, die freiwillig in der Hierarchie mit absteigen, wenn ihr Kumpel bei Rangkämpfen verliert. Die gehen dann gemeinsam durch dick und dünn.

Freundschaft«, fasst der Forscher zusammen, »ist also sehr sinnvoll, sie baut Stress ab, fördert das Wohlbefinden und die Gesundheit. Bauern und Hirten sollten befreundete Tiere deshalb nie voneinander trennen.«

Eine Tierhaltung, die solche Bindungen respektiert und zulässt, zahlt sich also aus. Für Tier und Mensch.

Als wir mit der Kamera auf Lea zulaufen, erschrickt sie und springt schutzsuchend hinter Sarah, die sich mutig vor uns aufbaut. Wie heißt es doch so schön in einem Zitat von Cicero: »*Einen sicheren Freund erkennt man in unsicherer Sache.*«

Versuchsgut der Universität Hohenheim

Am Tag der offenen Tür haben Sie die Möglichkeit, das Versuchsgut der Uni Hohenheim in Eningen unter Achalm kennen zu lernen. Die Termine der Führungen erfahren Sie bei der Uni Hohenheim.

Kontakt
Universität Hohenheim
70593 Stuttgart
Telefon (07 11) 4 59-0
Internet: www.uni-hohenheim.de

Reihernde Vögel von nah und fern

Was habe ich mich als Kind gefreut, wenn ich mal welche zu Gesicht bekam. Zwar meist nur als helle Tupfen, weit weg und hoch droben in den dunkelgrünen Baumwipfeln eines flussnahen Waldes – aber damals war das schon was.

So selten die Tiere vor etwa drei Jahrzehnten noch waren, heute stehen sie wie Statuen an fast jeder Ecke: Graureiher. Seit man die majestätischen Vögel in den Siebzigern unter Schutz gestellt hat, sie also nicht mehr gejagt werden dürfen, scheinen sie sich prächtig zu vermehren.

Allein am Stuttgarter Max-Eyth-See tummeln sich 90 Brutpaare: die größte Graureiherkolonie weit und breit. Selbst mitten in der Innenstadt, wie im Rosensteinpark, stolpert man fast über sie. Sie lungern, unbeeindruckt von Krach und Dreck, sogar an Autobahnen rum oder klauen in der Stuttgarter Wilhelma den Pingui-

Die weiße Feder tragen Nachtreiher nur in der Brutzeit.

Tiersteckbrief

Name: Nachtreiher.
Wissenschaftlicher Name: Nycticorax nycticorax.
Klasse: Vögel.
Ordnung: Stelz- und Schreitvögel.
Familie: Reiher.
Größe: 58 bis 70 cm.
Heimisch in: Europa, Afrika, Asien, Amerika, südliches Eurasien.
Lebensraum: Salz-, Brackgewässer, Marschland, große Flüsse, flache Sümpfe, bewachsene Seeufer, Sumpfwälder.
Anzahl Junge: Drei bis fünf.
Nahrung: Kleine Fische, Würmer, Insekten, Krebstiere, Amphibien, Reptilien, Muscheln, Nager, Vögel, Eier, Aas.
Tag-/Nachtaktiv: Hauptsächlich dämmerungs- und nachtaktiv, in der Brutzeit suchen sie häufig auch tagsüber Nahrung.
Lebenserwartung: Ältester Ringvogel 16 Jahre und 4 Monate.
Gefährdete Art: Gefährdet, Anhang 1 der Vogelschutz-Richtlinie der EU.

Name: Graureiher (Fischreiher).
Wissenschaftlicher Name: Ardea cinerea.
Klasse: Vögel.
Ordnung: Schreitvögel.
Familie: Reiher.
Größe: Etwa 90 bis 98 cm.
Heimisch in: Milderen Regionen Europas und Asiens, Ost- und Südafrika.
Lebensraum: Seichte kleine Tümpel und Teiche, Flüsse in der Nähe von Wäldern, dringt immer mehr in Städte vor.
Anzahl Junge: Vier bis fünf.
Nahrung: Fische, Frösche, Molche, Schlangen, Wasserinsekten, Feldmäuse.
Tag-/Nachtaktiv: Tag- und dämmerungsaktiv, weicht bei Störungen und Verfolgung auch auf die Nacht aus.
Lebenserwartung: Ältester Ringvogel war 35 Jahre und 1 Monat alt, mehrere registrierte Vögel auch mit mehr als 18 Jahren.
Gefährdete Art: Seit er unter Schutz gestellt wurde, hat die Population stark zugenommen.

Einst selten, heute stehen sie überall: die Graureiher.

nen das Futter. Kaum ist dort der Tisch für die Brillenpinguine gedeckt, schweben die hungrigen Fischfreunde ein. Auf die Minute genau.

Vogelexperte Michael Schmolz vom Naturschutzbund (Nabu) erläutert mir das Schauspiel: »Die Graureiher fliegen täglich etwa fünf Kilometer vom Max-Eyth-See hier in die Wilhelma, um sich den Fisch für ihre Küken abzugreifen. Dabei könnten sie den genauso gut direkt am Max-Eyth-See fangen. Warum sie das nicht tun, ist uns ein Rätsel. Auch Zierfischteiche werden gerne mal geplündert. Die seichten Teiche mit der leichten Beute sind so eine Art »Drive-in« für Graureiher. Früher hat das dem Image des großen Vogels sehr geschadet: ›Ein echter Reiher leert jeden Weiher‹ hieß es. Also wurde der Graureiher kurzerhand zum *Fisch*reiher und gnadenlos als Schädling gejagt. Dass ein Graureiher aber einen großen Teich leer fischen kann, ist Quatsch! Zumal er sich längst nicht nur von Fisch, sondern auch von Insekten, Amphibien, Reptilien und kleinen Säugern ernährt.«

Hier einen Hering bei den Pinguinen, dort ein Krebschen bei den Flamingos – weil es so schön bequem ist und pünktliche Futterzeiten eine

Rotäugiger Exot am Max-Eyth-See: ein Nachtreiher

Früher war der Graureiher als Fischreiher verschrien.

Ein junger Nachtreiher im getupften Federkleid

feine Sache sind, haben sich die ganz Schlauen gleich direkt in der Wilhelma eingenistet. Acht Graureihernester thronen dort in den Baumwipfeln. So einfach und günstig ist die Wilhelma sicher noch nie an neue Zootiere gekommen.

Ihren Nachwuchs füttern die Alten, indem sie den geklauten Fisch auswürgen: Sie »reihern«. Bei vier mittelgroßen Küken können das bis zu *drei* Kilo Futter am Tag sein! Den Namen »Reiher« hat sich der große Vogel redlich verdient.

Auf der Fahrt zum Graureiher-Paradies Max-Eyth-See kündigt uns Michael Schmolz eine kleine Sensation an: »Seit einiger Zeit gibt es hier ganz seltene Bewohner: Nachtreiher!«

»Nachtreiher? Bei uns in Baden-Württemberg?«, frage ich ungläubig. »Die habe ich hier noch nie gesehen.«

»Kein Wunder«, erklärt der Vogelexperte, »so häufig man heute den Graureiher antrifft, so selten ist der Nachtreiher. In ganz Deutschland sind dem Naturschutzbund gerade mal drei Brutplätze bekannt. Genau genommen hat er bei uns in Deutschland auch gar nichts zu suchen. Normalerweise lebt er in südlichen Ländern wie Italien oder Spanien.«

Michael Schmolz reicht mir seinen Feldstecher und deutet auf eine kleine Insel im See: »Dort drüben in den Baumkronen leben zwei Brutpaare, mit drei Jungen.«

Wir warten und spähen, spähen und warten. Kameramann Nico Wöhrmann ist der Erste, der ihn mit seinem geübten »Tierblick« entdeckt: Ein etwa 70 cm großer, eleganter Vogel mit stechend roten Augen und einer langen weißen Feder am Hinterkopf gleitet aus dem Dickicht, taucht elegant in die Wellen, schnappt sich einen Fisch, um wiederum äußerst majestätisch in den Baumkronen zu verschwinden.

»Haben Sie den auffallenden Kopfschmuck gesehen?« Michael Schmolz ist ganz aufgeregt. »Den trägt der Nachtreiher nur in der Brutzeit. Sind die Küken flügge, verlieren die Eltern die weißen Federn wieder. Die Küken tragen ein gepunktetes Federkleid und bis sie wie ihre Eltern aussehen, wird es drei Jahre dauern.«

Plötzlich wagen sich die kleinen Exoten aus der Deckung und demonstrieren eindrucksvoll, dass sie schon genauso gut in den Baumwipfeln rumkraxeln und rumhangeln können wie die Alten. Mama Nachtreiher stürzt sich wie von einem Sprungbrett aus luftigen Höhen direkt ins Wasser auf einen ahnungslosen Fisch und stopft ihn dann den krakeelenden Baumkletterern in den Rachen.

Ein seltenes Schauspiel, das ich so schnell nicht vergessen und vielleicht auch nie wieder sehen werde. Denn Nachtreiher pflegen eigentlich vor allem abends oder bei Dunkelheit auf Fischjagd zu gehen, daher auch ihr Name.

»Warum nistet der Nachtreiher plötzlich in Baden-Württemberg?«, will ich von Michael Schmolz wissen.

»Wir vermuten, dass mit der Klimaerwärmung auch der Nachtreiher Richtung Norden zieht. Und hier, unter den vielen Graureihern, fühlt er sich anscheinend sehr wohl. Die Anwesenheit der anderen Vögel bietet ihm Sicherheit. Aber über eines müssen wir uns leider im Klaren sein: So unvermittelt der Exot hier aufgetaucht ist, so plötzlich kann er leider auch wieder verschwinden.«

Nabu Baden-Württemberg

Der Vogelexperte Reinhard Pilz leitet Vogelführungen am Max-Eyth-See. Die Termine erfahren Sie über den Nabu.

Kontakt
Nabu Baden-Württemberg
Tübinger Straße 15
70178 Stuttgart
Telefon (07 11) 9 66 72-0
Internet: www.nabu-stuttgart.de

Termine für Vogelführungen in anderen Teilen des Landes erfahren Sie über die jeweiligen Ortsgruppen.

Internet: www.nabu.de

Fläschchensaufendes Gangster-pärchen mit Gummischnauze

Ich stolpere über Pantherschildkröte Claudia, schaffe es gerade noch nicht auf Gürteltier Gürtel und Katze Romeo zu treten oder in eine Hinterlassenschaft von Stinktier Stinky. Willkommen in der Arche Noah von Regine Haas! Wer ihr Haus in Fellbach betritt, trifft auf exotische und heimische Tiere. In jeder Größe. In jeder Ecke.

»Vom Reh bis zum Fuchs, vom Tiger bis zum Affen – ich glaube, außer Elefanten habe ich hier schon so ziemlich jedes Tier aufgepäppelt«, lacht die leidenschaftliche Tierfreundin. »Wissen Sie, es kommt immer wieder vor, dass Tiereltern sterben oder ihre Kinder verstoßen. Viele Zoos und Tierparks haben für solche Fälle oft nicht das nötige Personal, denn elternlose Tierkinder müssen meistens rund um die Uhr betreut werden. Das kostet viel Zeit und Kraft. Diesen Fulltimejob übernehme ich dann gerne.«

Bonnie und Clyde bestürmen mich.

Wie bei Bonnie und Clyde: zwei acht Wochen junge Nasenbären. Gesellige Tiere, die normalerweise die gestrüppreichen Halbwüsten der USA und die Regenwälder Südamerikas unsicher machen. Oder eben Zoos und Tiergärten. In Fellbacher Wohnungen findet man Nasenbären dagegen eher selten. Eine einmalige Gelegenheit für mich und mein Team, den rüsselnasigen Rackern mal richtig nahe zu kommen.

Ich bin hingerissen, als mir Regine Haas auch noch ein warmes Babyfläschchen in die Hand drückt: Spe-

Bonnie hat mächtig Kohldampf.

zialwelpenmilch mit Eigelb und Banane. Ich darf das niedliche Geschwisterpärchen, deren Mutter sich um diesen Job gedrückt hat, sogar füttern!

Zu den Mahlzeiten holt Regine Haas die Kleinbären aus ihrem geräumigen Käfig für kurze Zeit ins Wohnzimmer. Willkommener Anlass für die Ringelschwanz-Rowdies, mal ordentlich die Bude auf den Kopf zu stellen. Bonnie fegt sofort schwungvoll ein paar Sammeltassen aus dem Regal. Clyde stochert mit seiner langen gummiartigen Nase in diversen Blumentöpfen nach exotischen Früchten, Würmern und Mäusen. Genau so, wie das die kleinen Gangster im Urwald eben tun. Man kann ihnen wirklich keinen Vorwurf machen.

»Jetzt sehen Sie, Frau Geßler, warum Nasenbären keine Haustiere

Die kleinen Racker erkunden neues Terrain.

sind«, schmunzelt Regine Haas. »So niedlich die Bärchen aussehen, es bleiben wilde Tiere. Kleine Raubtiere mit scharfem Gebiss haben in Wohnungen nichts zu suchen. Wenn sie aus dem Gröbsten raus sind, kommen sie auch wieder zurück in einen Tierpark oder Zoo. Wenn ich nicht aufpasse, demolieren mir die Nasenbären hier in ein paar Wochen die ganze Einrichtung.«

»Woher wissen Sie eigentlich, wie man so einen kleinen Exoten großzieht?«, möchte ich wissen, während sich die rabiaten Rabauken auf meinem Schoß laut schmatzend den kleinen Ranzen vollhauen.

»Das lese ich mir an. Ich studiere die Tiere genau, lerne, wie sie in freier Natur leben, frage Tierärzte und Pfleger. Im Laufe der Jahre ist da einiges an Wissen zusammengekommen. Als die beiden noch kleiner waren, musste ich jede Nacht alle zwei Stunden aufstehen, um sie zu füttern. Das ist dann auch nicht anders als bei einem Baby«, lacht die Tierschützerin.

Frisch gestärkt tollen die beiden übers Sofa. Das geringelte Schwänzchen erhaben in die Höhe gestreckt.

»Das sind ihre Signalfahnen«, erklärt Regine Haas. »Schwänzchen in die Höh' heißt ›Alles okay. Mir geht es gut.‹ So kommunizieren die tagaktiven Tiere miteinander. Mit dem leisen Fiepen und Trillern, das Sie die ganze Zeit hören, halten sie untereinander Kontakt. In freier Wild-

Tiersteckbrief

Name: Nasenbär, Coaties.
Wissenschaftlicher Name: Nasua nasua.
Klasse: Säugetiere.
Ordnung: Raubtiere.
Familie: Kleinbären.
Größe: Kopfrumpflänge 43 bis 66 cm.
Heimisch in: Südamerika. Von Kolumbien und Venezuela bis Uruguay, Argentinien und bis in den Süden der USA.
Lebensraum: Tropischer Regenwald, Steppen, Fluss- bis Gebirgswälder.
Anzahl Junge: Zwei bis sieben.
Nahrung: Die Allesfresser vertilgen Insekten, Eier, Jungvögel, Lurche, Schnecken, Früchte und Triebe.
Lebenserwartung: Im Zoo 15 Jahre, frei lebend 10 Jahre.
Tag-/Nachtaktiv: Tag- und nachtaktiv.
Gefährdete Art: Nicht gefährdet.

Kameramann Andreas Enderle wird belagert.

Gürteltier Gürtel, einer der vielen Exoten in Fellbach

bahn sind sie in Gruppen mit bis zu 25 Bären unterwegs. Die Laute helfen, dass keiner verloren geht und alle vor Feinden wie Großkatzen und Riesenschlangen gewarnt werden.

Gibt einer Alarm, flüchten die geschickten Kletterer in die Bäume, wo sie übrigens auch schlafen.«

Wie seine frei lebenden Verwandten versucht sich Clyde am höchsten Blatt einer Yuccapalme, das prompt abknickt. Bonnie gefällt es in meinen Haaren besser. Von hier aus kann man prima mit der langen Nase ins Ohr pusten – es könnten ja schließlich Würmer oder Mäuse drin sein. Clyde zerpflückt derweil die Schnürsenkel von Kameramann Andreas Enderle, um ihm dann herzhaft in die Schuhe zu beißen. Warum Regine Haas die beiden nach dem berühmten Gangsterpaar Bonnie und Clyde benannt hat, ist jedenfalls klar. Die hinterließen auch überall, wo sie auftauchten, Chaos.

Regine Haas

Wer ein elternloses Wildjungtier wie zum Beispiel einen kleinen Feldhasen, ein Rehkitz oder ein Fuchsjunges findet, kann die Tiere Regine Haas bringen, sie hilft auch bei Problemen mit Exoten gerne weiter.

Kontakt

Regine Haas
Telefon (07 11) 52 25 09

Aber Achtung: Bevor Sie ein Wildtier mit nach Hause nehmen, überprüfen Sie bitte genau, ob das Tier auch tatsächlich keine Mutter hat. Oft sind die Tiere gar nicht elternlos und hilfsbedürftig und werden so aus ihrer natürlichen Umgebung gerissen!

Ein amerikanisches Großmaul in Karlsruher Seen

»Ööööörrrrmmmmphhhhh, Öööö-örrrrmmmmmphhhhh, Ööööörrrr-mmmmmphhhhh!« – laut dröhnt sein dumpfes Quaken über den abendlichen See, wie das Brüllen eines gereizten Ochsen. Was ihm ganz nebenbei auch seinen Namen eingebracht hat. Denn das, was da über den Baggersee nördlich von Karlsruhe hallt, ist der Paarungsruf des nordamerikanischen Ochsenfroschs. Bis zu zwei Kilometer weit ist das Brüllen zu hören! Damit lockt er Froschdamen an, bringt Rivalen auf Abstand und Anwohner auf die Palme. Dem Offenburger Amphibienexperten Hubert Laufer und mir weist er mit seinem Gequake den Weg.

Es gibt noch weit größere Ochsenfrösche als diesen.

Bis es plötzlich vor uns im Schilf thront: das grünbraune Großmaul mit dem wissenschaftlichen Namen Rana catesbeiana. Noch nie in meinem Leben haben mich so riesige Frosch-Glubscher angeglotzt. Augen wie Murmeln, Füße so groß wie Teller. Das amerikanische Monstrum bringt es auf unglaubliche 45 Zentimeter Körperlänge und bis zu zweieinhalb Kilo auf die Waage.

In den USA sind die katzengroßen Tiere Objekt der Begierde eigenwilliger Sammler. Liebhaber zahlen Tausende von Dollar, lassen die Tiere in groß angelegten Veranstaltungen um die Wette hüpfen und finden das witzig.

In Baden ist für den ungebetenen Einwanderer allerdings Schluss mit lustig. Hier wird der Eindringling gejagt. Nachts. Mit Booten, großen Käschern, sogar mit Pfeil und Bogen. Was den fetten Fremdling aber nicht weiter daran hindert, sein Unwesen zu treiben. Das, so vermutet Laufer, tut er hier seit mindestens einem Jahrzehnt. Die einheimischen Amphibien finden das gar nicht komisch. Denn

der räuberische Lurch macht unter ihnen Tabula rasa. Ein Monstrum, das Katzen oder Teichhühner verschlingt? Ein unbändiger Vielfraß?

»Solche Geschichten werden zwar gerne erzählt«, meint Laufer, »sind aber Unsinn.« Hauptsächlich verschlingt der Ochsenfrosch Nacktschnecken und Wasserkäfer, es darf aber auch mal eine Eidechse, ein Frosch oder eine Maus sein. Seine Teichmitbewohner dezimiert er aber viel perfider. Die handgroßen Kaulquappen des Ochsenfroschs geben einen giftigen Stoff ab, der Kaulquappen anderer Arten langsamer wachsen lässt oder gleich um die Ecke bringt. Da unser Freund selbst mit so einer giftigen Schicht überzogen ist, will er auch den heimischen Fischen nicht so recht munden und kann sich also munter vermehren. Bei 25 000 Eiern pro Weibchen klappt das vorzüglich. Seine einzigen Feinde sind Wasserschlangen, große Schildkröten und bestimmte Fischarten, die leider nur in den Seen seiner nordamerikanischen Heimat schwimmen.

»Aber wie kommt der Amerikaner nach Karlsruhe?«, will ich wissen.

»Ganz genau wissen wir das nicht«, meint Laufer, »aber es gab hier in der Nähe einen Zoohändler. Als der seinen Laden dicht machte, hat er die Tiere wahrscheinlich ausgesetzt. So faszinie-

Tiersteckbrief

Name: Amerikanischer Ochsenfrosch (American Bull Frog/Nordamerikanischer Ochsenfrosch).

Wissenschaftlicher Name: Rana catesbeiana.

Klasse: Amphibien/Lurche.

Ordnung: Froschlurche.

Familie: Echte Frösche.

Größe: Kopfrumpflänge bis 20 cm, Hinterbeinlänge bis 25 cm (also 45 cm Gesamtlänge).

Heimisch in: Ursprünglich nur im östlichen und mittleren Nordamerika. Wurde in vielen anderen Ländern als Neozoon eingeführt, z. B. Kuba, Jamaika, Hawaii, Japan, China, Taiwan und nach Europa.

Lebensraum: Seen, Weiher, Teiche, Altarme, Baggerseen.

Nahrung: Andere Amphibien, Insekten, Schnecken, gelegentlich Küken von Wasservögeln, Kleinsäuger, junge Wasserschlangen.

Anzahl Junge: Pro Laichballen bis zu 25 000 Eier.

Tag-/Nachtaktiv: Überwiegend nachtaktiv.

Lebenserwartung: Bis zu 16 Jahre.

Gefährdete Art: Da er bei uns die heimische Fauna bedroht, wird er bejagt.

Die Kaulquappen sind handgroß.

Augen so groß wie Murmeln

rend Ochsenfrösche auch sind, wir versuchen weiter, sie wieder los zu werden, zum Schutz der heimischen Arten.« Als ich meine Hand nach ihm ausstrecke, verschwindet der beeindruckende Riese mit einem lauten Platsch im dunklen See.

Ihn wieder loswerden? Ob das je gelingen wird? Wer weiß. Vorerst schallt es weiter über Karlsruher Seen. Dumpf. Dröhnend: »Öööörrrrmmmmphhhhh, Öööörrrrmmmmphhhhh, Öööörrrrmmmmphhhhh, Öööörrrrmmmmphhhhh.«

ⓘ

Büro für Landschaftsökologie

Hubert Laufer hält Vorträge und leitet Amphibienexkursionen. Auch bei Fragen zum Ochsenfrosch oder zur Nachbestimmung von Amphibien können Sie sich an ihn wenden.

Kontakt
Büro für Landschaftsökologie
Hubert Laufer
Friedenstraße 28
77654 Offenburg
Telefon (07 81) 9 48 26 42
E-Mail: bfl.laufer@t-online.de

Landesweit bieten auch die Ortsgruppen des Nabu oder des BUND Amphibienführungen an, nähere Informationen gibt es unter:
Internet: www.nabu.de
www.bund.de

Fliegende Untertassen mit Engelsgesicht

Wie fliegende Untertassen gleiten sie durchs Wasser, schweben anmutig über dem Beckengrund. Wenn ihnen danach ist, heften sie sich mit ihrer hellen Unterseite an die Scheibe des Aquariums und schenken der Welt ihr bezauberndes Lächeln. Sanftmütig, ja geradezu beseelt »lächelt« so ein Rochen, weshalb man ihm auch den schönen Namen »Engelsgesicht« verpasst hat. Ich versuche, den freundlichen Blick des Konstanzer Sea Life Bewohners zu erwidern, schaue aber geradewegs in zwei Löcher! In so genannte Spritzlöcher. Es sieht zwar so aus, aber über Maul und Kiemenspalten sitzen gar keine Augen, sondern Atemlöcher! Augen und die Öffnungen, durch die das Atemwasser von oben eindringt, entdecke ich auf der dunkleren Oberseite des merkwürdigen Fisches. Augen hin, Spritzlöcher her, seinem hübschen Lächeln tut das keinen Abbruch.

Für den vorwiegend auf dem Grund lebenden Rochen ist die Bauweise praktisch: Mit seinem dem Meeresboden zugewandten Mund kann er wie ein Staubsauger Muscheln, Schnecken und Krebse aufsaugen, um sie dann mit seinem

Pfleger Sven Tschall mit Babyrochen

kräftigen Gebiss zu knacken. Den oben liegenden Augen entgeht zwar die im Sand verborgene Beute, nicht aber dem gut ausgebildeten Tast- und Riechsinn. Über Stromimpulse erkennen die platt gedrückten Schönheiten sogar die Muskelaktivitäten eingegrabener Leckereien.

Rochen sind schon eigentümliche Wesen! Kein einziger Knochen hält ihren flachen Körper zusammen, nur jede Menge Knorpel. Knorpelfische gibt es in rund 350 Arten, in den Weltmeeren, in Nord- und Ostsee, in verschiedensten Farben, Mustern und Baureihen. Dabei dürfte der Zitterrochen wohl mit das erstaunlichste Modell der illustren Fisch-Familie sein. Seine Beute setzt er, äußerst ungalant, mit saftigen Stromstößen von bis zu 200 Volt außer Gefecht. Die Schlagkraft eines solchen Unterwasser-Elektroschocks hat schon so manchen unvorsichtigen Taucher überzeugt. Rochengebeutelte vergleichen ein unfreiwilliges Zitterrochen-Stelldichein mit der knüppelharten Rechten eines Profiboxers.

Aber auch bei den höchst seltenen Begegnungen mit dem faszinierenden Manta verschlägt es Tauchern den Atem. Wenn der König der Rochen mit seinen unfassbaren acht Metern Spannweite wie ein riesiger Teppich durchs Meer fliegt, wird es für die Lebewesen unter ihm dunkel. Wegen seiner atemberaubenden Größe wird er auch Teufelsrochen genannt. Der Vegetarier ist aber ein absolut friedlicher Zeitgenosse. Weil der Riese so ziemlich jedes Aquarium sprengen würde und die Unmengen Plankton, die er täglich vertilgt, nicht zu beschaffen sind, kann man ihn mit viel Glück nur im Meer bewundern. Sei-

Engelsgesichter tragen ihre Zähne auf der Haut.

Er hat mich angelächelt!

ne wesentlich kleineren Verwandten wie Marmor-, Kurzschwanz-, Nagel-, Hellfleck- oder Stechrochen hier im Sea Life Center in Konstanz sind aber nicht weniger faszinierend.

Groß oder klein, dick oder dünn, mit den Fischen verhält es sich wie mit uns Menschen: Wer miteinander verwandt ist, muss sich nicht zwangsläufig ähnlich sehen. Rochen sind zwar platt wie Flundern, haben aber mit deren flachbrüstiger Sippe nicht das Geringste am Hut. Ausgerechnet der notorisch schlecht gelaunt dreinschauende Hai, mit seinen scharfen Reißzähnen, ist der nächste Verwandte der freundlichen Engelsgesichter. Auch Fische können sich ihre Verwandtschaft halt nicht aussuchen! Wer aber ähnliche Gene in sich trägt, hat zwangsläufig auch Gemeinsamkeiten und bei Rochen und Hai sind das unter anderem die Zähne.

Zu meinem Erstaunen tragen beide ihre Beißerchen nicht nur im Mund, sondern auch auf der Haut. Vom Maul aus breiten sie sich über

Tiersteckbrief

Name: Rochen.

Wissenschaftlicher Name: Batoidae.

Klasse: Knorpelfische.

Größe: Der größte Rochen, der Manta, erreicht eine Spannweite von bis zu 8 m, Adlerrochen eine Spannweite bis zu 2,50 m und eine Länge von maximal 5 m, während Stechrochen bei einer Breite von 2,10 m bis zu 5,5 m lang werden können. Es gibt aber auch wesentlich kleinere Rochen.

Heimisch in: Die meisten Rochen sind Meeresfische, es gibt aber auch Arten, die in Süßwasser leben.

Lebensraum: Schlamm- oder Sandgrund, manche Rochen wie der Manta leben aber auch freischwimmend.

Anzahl Junge: Einige Arten sind lebendgebärend und bringen zwischen ein und zwölf Jungtiere zur Welt, andere legen Eier.

Nahrung: Plankton (Manta), Muscheln, Schnecken, Krebse, Wirbellose, Tintenfische (z. B. Adlerrochen, Stechrochen).

Tag-/Nachtaktiv: Die meisten Rochen sind tagaktiv, bei einigen Arten weiß man aber bis heute nicht, ob sie tag- oder nachtaktiv sind.

Lebenserwartung: Noch keine gesicherten Erkenntnisse.

Gefährdete Art: Noch nicht gefährdet.

Knorpelfische gibt es in rund 350 Ausführungen.

den ganzen Körper aus, verkleinern sich und werden als so genannte Hautzähne fortgesetzt. Die erzeugen beim Schwimmen kleine Strömungen, wodurch die Fische schneller und energiesparender vorankommen.

»Fühlt sich an wie Schmirgelpapier«, stelle ich erstaunt fest, als mir Fischexperte Sven Tschall ganz sachte für einen kurzen Moment einen lächelnden Babyrochen auf die Hand legt.

»Früher hat man mit Haien und Rochen auch Holz abgeschmirgelt«, erklärt er mir. Was für ein absurder Gedanke: Rochenhaut in den Regalen eines Baumarktes.

Behutsam setzt der Sea-Life-Mitarbeiter das Rochenbaby zurück ins Aquarium. Nicht alle Rochen kommen so vollentwickelt auf die Welt, einige der flachen Schönheiten legen auch Eier. Kleine, lederartige Kissen mit bändelartigen Ranken an jeder Ecke. An diesen Bändelchen hängt der platte Hai seinen Nachwuchs, wie eine ordentliche Hausfrau ihre Wäsche, feinsäuberlich in Meerespflanzen auf, was ein bisschen an klobige Weihnachtsdekoration erinnert.

»Sind Rochen eigentlich gefährlich?«, will ich von Sven Tschall wissen, der den tanzenden Gestalten an einem langen Stock aus sicherer Distanz Tintenfisch reicht.

»Einige wie der Stachelrochen sind giftig. Sein Gift kann man etwa mit 30 Wespenstichen vergleichen, es ist nicht tödlich, aber schmerzhaft. Rochen stechen allerdings nur, wenn sie sich bedroht fühlen, zum Beispiel wenn man auf sie tritt.« Wie alle

Meeresbewohner wollen die wunderbaren Geschöpfe nämlich nichts Böses, sondern lediglich ihre Ruhe.

Lassen wir sie ihnen, schenken sie uns auch weiterhin ihr bezauberndes Lächeln.

Sea Life Konstanz

Eine Vielzahl der engelsgesichtigen Meeresbewohner wie zum Beispiel Marmor-, Kurzschwanz-, Nagel- oder Stechrochen sowie deren Eier und Babys können Sie im Sea Life Konstanz aus unmittelbarer Nähe beobachten.

Öffnungszeiten
Von Juli bis 11. September 10 bis 19 Uhr. Von Mai bis Juni und ab 12. September bis Oktober 10 bis 18 Uhr (täglich). Von November bis April (Montag bis Freitag) 10 bis 17 Uhr. Samstag, Sonntag, Feiertage und Ferien in Baden-Württemberg 10 bis 18 Uhr. Letzter Einlass jeweils eine Stunde vor Schluss. Heiligabend geschlossen.

Kontakt
Sea Life Konstanz
Hafenstraße 9
78462 Konstanz
Telefon (0 75 31) 1 28 27-0
Internet: www.sealife.de
www.sealifeeurope.com

Die Stuttgarter Wilhelma

Auch im größten Aquarium Süddeutschlands, mit hunderten Fischarten aus den unterschiedlichsten Lebensräumen vom Schwarzwaldbach bis zur Südsee, findet man Rochen.

Öffnungszeiten
Die Wilhelma ist zu allen Jahreszeiten täglich morgens ab 8.15 Uhr geöffnet. Der Park ist mit Einbruch der Dunkelheit – spätestens um 20 Uhr – zu verlassen.

Kontakt
Die Stuttgarter Wilhelma bietet allgemeine und themenbezogene Führungen. Anfragen und Voranmeldungen bei:

Wilhelma
Zoologisch-botanischer Garten
Postfach 50 12 27
70342 Stuttgart
Telefon (07 11) 54 02-0
Internet: www.wilhelma.de

Die Zukunft der Wollschweine – eine haarige Sache

Wollschwein. Hört sich ein bisschen an wie »Eierlegendewollmilchsau«, wie phantastisches Wunschdenken. Aber Wollschweine sind keine schräge Phantasie. Die ungewöhnlichen Tiere gibt's wirklich. Leider nur noch sehr selten. Die wuschelige Sau mit den niedlichen Hängeohren, die sich genüsslich zu meinen Füßen im Hohenloher Schlamm suhlt, gehört zu den alten Haustierrassen und ist vom Aussterben bedroht. Wie überall auf der Welt ist auch auf dem Bauernhof die Artenvielfalt auf dem absteigenden Ast. Und das Borstenvieh auf dem Hof in Wolpertshausen-Haßfel-

Die Rüssler brauchen viel Platz und viel Bewegung.

den hat das Licht der Welt nur erblickt, weil einige Leute es zum Fressen gern haben. Wörtlich gemeint.

Um eines gleich mal klarzustellen: Kein Schwein, kein Rind, kein Schaf will gern verspeist werden. Und manchem Tierfreund ist bei dem Gedanken an Steak und Schnitzel zum Heulen zumute. Aber jede zweite Woche verschwindet auf der Welt eine Nutztierrasse. Futsch, aus und vorbei. Weg und für alle Zeit verloren. Ein Zustand, der einem erst recht die Tränen in die Augen treibt. Die Lösung: Überleben durch gegessen werden. So widersprüchlich und gemein es klingen mag, manche Tierrasse gibt es überhaupt nur noch, weil sie auf der Speisekarte steht.

Je gefragter eine Rasse beim Verbraucher, desto stärker die Nachzucht. Und auch das Wollschwein lebt nur noch, weil es wohl saugut schmeckt. Denn das gelockte Rüsseltier, auch Mangalitza genannt, ist, ohne beleidigend werden zu wollen, ein ausgesprochen fettes Schwein. (Mangalitza heißt, aus dem Ungarischen übersetzt, so viel wie »leicht fett werden«). Sein nahrhaftes Fleisch machte das Wollschwein früher zum Star auf jedem Bauernhof. Mitte des 19. Jahrhunderts war es noch in ganz Europa verbreitet und zählte zu den meist gehaltenen Schweinen. Weil heutzutage aber kaum jemand Speck auf Teller und Hüfte schätzt, wollte das kalorien-

Tiersteckbrief

Name: Hausschwein (Wollschwein, Mangalitza).
Wissenschaftlicher Name: Sus scrofa domestica.
Klasse: Säugetiere.
Ordnung: Paarhufer.
Familie: Echte Schweine.
Heimisch in: Heute nur noch in Deutschland, Österreich, Ungarn, Tschechien und der Slowakei.
Lebensraum: Weiden, gebirgiges Gelände.
Größe: 85 cm hoch.
Nahrung: Allesfresser.
Anzahl Junge: Vier bis sechs.
Tag-/Nachtaktiv: Tagaktiv.
Lebenserwartung: 12 Jahre.
Gefährdete Art: Vom Aussterben bedroht, auf der Roten Liste der Gesellschaft zur Erhaltung alter und gefährdeter Haustierrassen. Weltweit gibt es nur noch etwa 1500 Tiere.

Täglich ein zünftiges Schlammbad

reiche Wollschwein lange Zeit keine Sau mehr haben. Erschwerend kommt hinzu, dass sich Wollschweine nicht industriell halten lassen. Intensive Haltungsformen wirken sich negativ auf deren Fruchtbarkeit aus, und die lockigen Tiere haben von Natur aus eh schon kleine Würfe. So waren sie in ihrer Heimat Ungarn zu Beginn der 1970er-Jahre fast verschwunden. (Das einfarbige schwarze Wollschwein ist bereits ganz von dieser Welt getilgt.) Auch bei uns in Deutschland gibt es gerade mal 160 Zuchttiere. Das will Wollschweinzüchter Markus Schilling ändern. Mit bereits 120 Rüsslern hat er hier in Wolpertshausen-Haßfelden die größte Zucht der ganzen Republik.

Wer seine lockigen Urviecher auf den Hohenloher Wiesen entdeckt, ist verblüfft: Wolle fast wie ein Schaf, behaarte Ringelschwänzchen, lockige Schlappohren wie Pudel. Richtig nett. Ihre ausgefallene Haarpracht schützt die extrem robusten Freilandschweine vor Kälte, aber auch vor Sonnenbrand. Markus Schilling erklärt mir, dass man früher in Ungarn aus der Schweinewolle Puppenhaare gefertigt hat. »Man kann aber auch prima Pferdedecken daraus machen.« Pferdedecken aus Schweinehaaren? Wie sich das Pferd wohl damit fühlt?

Vom Aussterben bedroht: Wollschweine

An den braunweiß gestreiften Frischlingen, die gerade ein Wettrennen um unsere Füße starten, kann ich deutlich die Verwandtschaft zum Wildschwein erkennen. »Wie Sie sehen, haben Wollschweine einen großen Freiheits- und Bewegungsdrang«, erläutert der Züchter das Schauspiel, »sie brauchen viel Auslauf. Wegen ihres dicken, wärmenden Specks sind die anspruchslosen Tiere auch im Winter gut im Freien zu halten. Mangalitzas sind widerstandsfähig gegen Krankheiten und Stress und bewegen sich dank der kräftigen Beine und starken Klauen sicher durch jedes Gelände.« Deshalb dürfen Wollschweine manchmal

Anfangs noch ohne lockige Haarpracht: die Frischlinge

Die lockigen Haare schützen vor Kälte und vor Sonnenbrand.

auch Äcker und Böden umpflügen oder sie leisten als Reservatspfleger wertvolle Dienste.

Auf den weiten Wiesen in Wolpertshausen führen die anspruchslosen Borstentiere jedenfalls ein saugutes Leben. Hier genießen sie viel Bewegung, ihre Freiheit und ausgelassene Schweinereien wie stundenlange zünftige Schlammbäder.

Bis jetzt hat die Rasse nochmal Schwein gehabt.

Markus Schilling

Markus Schilling züchtet Wollschweine und bietet auch Wollschweinführungen an.

Kontakt
Markus Schilling
Grimmbachstraße 19
74549 Wolpertshausen-Haßfelden
Telefon (0 79 04) 94 48 08
Internet:
www.wollschwein-schinken.de

Fauna Wildpark Bad Mergentheim

Zwei Wollschweine leben im wirklich sehr sehenswerten Fauna Wildpark Bad Mergentheim.

Öffnungszeiten
Mitte März bis Mitte November täglich von 9 bis 18 Uhr geöffnet. Letzter Einlass 16.30 Uhr. Mitte November bis Mitte März geöffnet an allen Samstagen, Sonntagen und Feiertagen ab 10.30 Uhr bis zum Einbruch der Dunkelheit. Letzter Einlass 16 Uhr.

Kontakt
Fauna Wildpark
(an der B 290)
97980 Bad Mergentheim
Telefon (0 79 31) 4 13 44
Internet: www.wildtierpark.de

Bildnachweis

Klaus Hennig-Damasko: Titelbild, 33, 34, 36, 70 unten, 74, 80 unten, 139

Rose v. Selasinsky (www.selfafotos.de): vorderer Vorsatz, 2, 8, 10, 11, 38 oben, 40, 48 oben, 51 unten, 52, 76, 79, 86 oben, 89 unten, 91, 92, 101 oben, 102, 109, 112, 115, Rückseite 2. Bild von oben

Michael Eick (michael.eick@nabu-bw.de): S. 13, 14, 16, 17

Dr. Rietschel, Wilhelma Stuttgart: 18, 20, 21 unten, 28 unten, 43, 44, 46, 54 oben, 56, 57, 58 unten, 64, 120, 138, 141, Rückseite 1. Bild von oben

Alexander Kluge, SWR: hinterer Vorsatz, 7, 21 oben, 54 unten, 72, 75, 78, 101 unten, 104 oben, 117, 118, 130, 131, 132, 133, 134

Nico Wöhrmann: 24, 26, 27, 135

Wilhelm Breitling (www.kamelhof.de): 28 oben, 30, 31

Helga Barnert-Gmelin (www.tierpension-eindachhof.de): 38 unten

Jürgen Haas, SWR: 48 unten, 50, 51 oben, 142

Markus Koch, Wilhelma: 58 oben, Rückseite 3. Bild von oben

Michael Schmolz: 60, 62, 63

Kurt Hirschel: 65, 66, 68

Wilhelma Stuttgart: 70 oben, 73, 86

Isabel Koch, Wilhelma Stuttgart: 80 oben

Hannes Kirchhauser (www.naturkundemuseum-karlsruhe.de): 82

Gerhard Zahn (www.natur-im-blickpunkt.de): 94

Uwe Dost (Uwe-Dost@t-online.de): 96, 97, 98, 100

Jürgen Butscher (jbutsch@uni-hohenheim.de) mit freundlicher Genehmigung des Versuchsguts Unterer Lindenhof der Universität Hohenheim: 106, 108

Hans-Jürgen Striegel, Fellbach: 111, 114, Rückseite Bild unten

Hubert Laufer (bfl.laufer@t-online.de): 121 oben, 122

Sealife Kontanz (www.sealife.de): 125, 126, 128, 140

Wildpark Bad Mergentheim (www.wildtierpark.de): 136, 137

SWR: alle Filmstills

Dreharbeiten im Esslinger Tierpark Nymphaea

Zoos und Tiergärten in Baden-Württemberg

Tierfreunde finden in diesem Kapitel ortsalphabetisch geordnet ausgewählte Adressen, Telefonnummern und Internet-Seiten der Zoos, Tierparks und Tiergehege im Land. Außerdem sind bei den größten Zoos die Fütterungszeiten aufgeführt.

- **Alb-Aquarium**
  Im Hallenbad
  Grüngrabenstraße 20
  72458 Albstadt
  Telefon (0 74 31) 49 30
  Internet: www.albaquarium.de

- **Wild- und Freizeitpark Allensbach**
  Gemeinmärk 7
  78476 Allensbach/Bodensee
  Telefon (0 75 33) 93 16 19
  Internet:
  www.wildundfreizeitpark.de

- **Wildgehege des Naturparks Schönbuch**
  Fohlensteige
  72119 Ammerbuch
  Telefon (0 70 71) 60 22 62
  Internet:
  www.naturpark-schoenbuch.de

Wildkatzen-Fütterung im Wildpark Bad Mergentheim

- **Wildgehege am Merkur**
  76530 Baden-Baden
  Internet: www.baden-baden.de

- **Wildpark Bad Mergentheim**
  An der B 290
  97980 Bad Mergentheim
  Telefon (0 79 31) 4 13 44
  Internet: www.wildtierpark.de

- **Alpakahof Bad Wurzach**
  Haid 3
  88410 Bad Wurzach
  Telefon (0 75 64) 34 90
  Internet: www.alpakahof.de

- **Tierpark Plettenberghof**
  Plettenbergstraße 10
  72336 Balingen-Roßwangen
  Telefon (0 74 33) 3 46 47

- **Burgfalknerei Hohenbeilstein**
  Burg Langhans
  71717 Beilstein
  Telefon (0 70 62) 52 12
  Internet: www.falknerei-beilstein.de

- **Waldtierpark Bretten**
  Salzhofen 9
  75015 Bretten
  Telefon (0 72 52) 72 56
  Internet: www.tierpark-bretten.de

- **Wildparadies Tripsdrill**
  74389 Cleebronn
  Telefon (0 71 35) 99 99
  Internet: www.tripsdrill.de

- **Vogelpark Crailsheim**
  74564 Crailsheim
  Auf dem Kregelberg
  Telefon (0 79 51) 2 35 97
  Internet: www.crailsheim.de

- **Wildgehege Schloss Duttenstein**
  Schloss Duttenstein
  89561 Dischingen

- **Rotwildgehege Enzklösterle**
  Hirschtalstraße
  75337 Enzklösterle

- **Tierpark Nymphaea**
  Nymphaeaweg 12
  73730 Esslingen a. N.
  Telefon (07 11) 31 43 90
  Internet: www.tierpark-nymphaea.de

- **Tier- und Vogelpark Forst**
  Kronauer Allee
  76694 Forst
  Telefon (0 72 51) 1 65 72
  Internet: www.forst-baden.de

Fischotter im Wildpark
Bad Mergentheim

- **Tiergehege und Naturerlebnispark Mundenhof**
  Mundenhof 37
  79111 Freiburg i. Br.
  Telefon (07 61) 201-65 80
  Internet:
  www.mundenhof.freiburg.de

- **Zoo der Rauch Möbelwerke**
  Wendelin-Rauch-Straße
  97896 Freudenberg
  Telefon (0 93 75) 81-0

- **Tierpark Göppingen**
  Schickhardtstraße 25
  73033 Göppingen
  Telefon (0 71 61) 2 57 60
  Internet:
  www.tierpark-goeppingen.de

Nashorn in der Stuttgarter Wilhelma

- **Haupt- und Landgestüt Marbach**
  72532 Gomadingen-Marbach
  Telefon (0 73 85) 9 69 50
  Internet: www.gestuet-marbach.de

- **Gehege Hotel »Waldlust«**
  In der Würze 18
  79837 Häusern
  Telefon (0 76 72) 5 02

- **Deutsche Greifenwarte Burg Guttenberg**
  74855 Haßmersheim-Neckarmühlbach
  Telefon (0 70 63) 95 06 50
  Internet: www.greifenwarte.de

- **Zoo Heidelberg**
  Tiergartenstraße 3
  69120 Heidelberg
  Telefon (0 62 21) 64 55-0
  Internet: www.zoo-heidelberg.de
  Fütterungszeiten:
  Stachelschweine/Waschbären: 15.45 Uhr.
  Robben: 11 und 16 Uhr (außer freitags).
  Raubtiere: 16.30 Uhr (außer samstags).
  Pelikane: 15 Uhr (nicht im Winter).
  Menschenaffen: mehrmals täglich.

- **Schwaben Park**
  Hofwiesen 11
  73667 Kaisersbach
  Telefon (0 71 82) 93 61 00
  Internet: www.schwabenpark.de

- **Vivarium im Staatlichen Museum für Naturkunde**
  Erbprinzenstraße 13
  76133 Karlsruhe
  Telefon (07 21) 1 75-21 11

- **Zoo Karlsruhe**
  Ettlinger Straße 6
  76137 Karlsruhe
  Telefon (07 21) 1 33 68-15
  Internet: www.karlsruhe.de/fb7/zoo

- **Sea Life Konstanz**
  Hafenstraße 9
  78462 Konstanz
  Telefon (0 75 31) 12 82 70
  Internet: www.sealifeeurope.com

- **Terrarium und Aquarium der Universität Konstanz**
  Universitätsstraße 10
  78464 Konstanz
  Telefon (0 75 31) 88-0
  www.uni-konstanz.de

- **Tierpark im Stadtpark**
  Kaiserstraße
  77933 Lahr/Schwarzwald
  Telefon (0 78 21) 9 10-06 20
  Internet: www.lahr.de

- **Schwarzwaldpark Löffingen**
  79843 Löffingen
  Telefon (0 76 54) 80 85 60
  Internet: www.schwarzwaldpark-loeffingen.de

- **Tiergehege Rosenfels-Park**
  79539 Lörrach
  Telefon (0 76 21) 4 15-6 24
  Internet: www.loerrach.de

- **Blühendes Barock**
  Mömpelgardstraße 28
  71634 Ludwigsburg
  Telefon (0 71 41) 97 56 50
  Internet: www.blueba.de

- **Tierpark Malsch**
  Am Sportplatz 5, 76316 Malsch
  Telefon (0 72 46) 10 87

- **Luisenpark Mannheim**
  Gartenschauweg 12
  68165 Mannheim
  Telefon (06 21) 41 00 5-0
  Internet: www.stadtpark-mannheim.de

- **Wildgehege Muggensturm**
  Malschenberger Straße
  76461 Muggensturm
  Telefon (0 72 22) 50 09 52

- **Wildpark Neuweiler-Gaugenwald**
  Wildparkstraße 1
  75389 Neuweiler-Gaugenwald
  Telefon (0 70 55) 93 06 25

Nilpferd in der Stuttgarter Wilhelma

- **Steinwasen-Park**
  Steinwasen 1
  79254 Oberried
  Telefon (0 76 02) 94 46 80
  Internet: www.steinwasen-park.de

- **Tiergehege im Hofgarten**
  74613 Öhringen
  Telefon (0 79 41) 91 19 10
  Internet: www.oehringen.de

- **Wildpark Pforzheim**
  Schoferweg 106
  75175 Pforzheim
  Telefon (07231) 39 33 28

- **Wildgehege in Pforzheim-Büchenbronn**
  Hermannseeweg
  75180 Pforzheim-Büchenbronn
  Telefon (0 72 31) 39 11 53
  Internet: www.herrmannsee.de

- **Exotarium Reutlingen**
  Friedrich-Ebert-Straße 6a
  72760 Reutlingen
  Telefon (0 71 21) 57 97 03
  Internet: www.exotarium-rt.de

- **Affenberg Salem**
  88682 Salem
  Telefon (0 75 53) 3 81
  Internet: www.affenberg-salem.com

- **Erlebnisbauernhof Schmid**
  Hainbachstraße 40
  78713 Schramberg-Waldmössingen
  Telefon (0 74 02) 9 11 24
  Internet: www.erlebnis-bauernhof.de

- **Leintalzoo**
  Freudenmühle 1
  74193 Schwaigern
  Telefon (0 71 38) 52 25
  Internet: www.tierpark-schwaigern.de

Silbrig glänzender Hai im Sea Life in Konstanz

- **Vogeltierpark Goldbachsee**
  Königsberger Straße
  71067 Sindelfingen
  Telefon (01 75) 2 60 94 69
  www.stuttgart-tourist.de

- **Vogel- und Tierpark »Schönblick«**
  Hirschbornstraße 19
  74889 Sinsheim-Eschelbach
  Telefon (0 72 65) 87 63

- **Vogelpark Steinen**
  79585 Steinen-Hofen
  Telefon (0 76 27) 74 20
  Internet:
  www.vogelpark-steinen.de

- **Pfauengarten**
  Berlisstraße 42
  73495 Stödtlen-Gaxhardt
  Telefon (0 79 64) 5 81
  Internet: www.pfauengarten.de

- **Höhenpark Killesberg**
  Stresemannstraße
  70192 Stuttgart
  Telefon (07 11) 2 16-71 60
  Internet: www.killesberg-stuttgart.de

- **Wilhelma Stuttgart**
  Neckartalstraße
  70342 Stuttgart-Bad Cannstatt
  Telefon (07 11) 54 02-0
  Internet: www.wilhelma.de
  Fütterungszeiten:
  Seelöwen: 11 Uhr und 15 Uhr
  (außer donnerstags).
  Brillenpinguine: 14.30 Uhr.
  Krokodile: 14 Uhr (nur montags).
  Großkatzen: 11.30 Uhr
  (außer montags und freitags).
  Menschenaffenbabys: 11.30 Uhr.
  Elefanten: Die Badezeiten der
  Elefanten wechseln und sind im
  Elefantenhaus angeschlagen.

Ungewohnte Nashorn-Rückansicht

- **Aquarium und Schmetterlingshaus im Botanischen Garten der Universität Tübingen**
  Hartmeyerstraße 123
  72076 Tübingen
  Telefon (0 70 71) 2 97 88 22
  Internet:
  www.botgarden.uni-tuebingen.de

- **Tiergarten Aquarium Friedrichsau**
  Friedrichsau 40
  89073 Ulm
  Telefon (07 31) 1 61-67 42
  Internet: www.tiergarten.ulm.de

- **Wildpark Waldshut-Tiengen**
  Panoramaweg 3
  79761 Waldshut-Tiengen
  Telefon (0 77 51) 34 31
  Internet: www.waldshut-tiengen.de

- **Tierpark Walldorf**
  Schwetzinger Straße 99
  69190 Walldorf
  Telefon (0 62 27) 6 23 79 oder 12 09
  Internet:
  www.tierpark-walldorf.com

- **Wildgehege Zell im Wiesental**
  Schwarznauring
  79669 Zell im Wiesental
  Telefon (0 76 25) 92 40 92
  Internet:
  www.schwarzwald-tourist-info.de

- **Felshang-Vogelpark**
  Rechgasse
  74939 Zuzenhausen
  Telefon (0 62 05) 3 44 22

Besuch bei einem Elefant im Heidelberger Zoo

Ein riesengroßes Dankeschön ...

... an alle, die mich bei diesem Buch so herzlich unterstützt haben!

Allen voran Dörte Heidemann und Michael Friedrich für unermüdliches Lesen und das stille Ertragen meiner Kommasetzung.

Mein herzlicher Dank und meine größte Bewunderung gelten all den fabelhaften Fotografen (siehe Verzeichnis), ohne deren unglaubliche Bilder dieses Buch nicht möglich gewesen wäre! Besonders bedanke ich mich bei Dir, liebe Rose von Selasinsky, und Deinem Mann, für Eure wunderbaren Aufnahmen und Euer unermüdliches Engagement! Wie oft seid Ihr losgesprungen und habt mir noch fehlende Vierbeiner abgelichtet! DANKE! Danke Klaus Hennig-Damasko vor allem für das tolle Titelbild. Danke Dr. Wolfram Rietschel, Alexander Kluge, Michael Eick, Nico Wöhrmann und Kurt Hirschel.

Danke liebe Evelyn Wanner für Dein tolles Titel-Make-up.

Danke an Inge Landwehr und den Silberburg-Verlag für die herzliche Zusammenarbeit.

An dieser Stelle möchte ich die Gelegenheit nutzen und auch all denen danken, die jede Woche mit ihrer Arbeit Tatjanas Tiergeschichten im Fernsehen erst ermöglichen: allen SWR-Kameramännern/frauen, Cutter/innen und Tonkolleg/innen. Vor allem »meinen Tierkameramännern«, die jedes Mal aufs Neue einen klasse Job machen und sich stets für meine Tiergeschichten ins Zeug legen! Wer je versucht hat, Tiere auf Film zu bannen, weiß, wie schwierig das ist!

Danke allen Mitarbeitern der Stuttgarter Wilhelma, dem Naturschutzbund Baden-Württemberg, dem Sea Life in Konstanz, dem Heidelberger Zoo, an alle Kuratoren, Pfleger und Tierexperten, die mir jederzeit freundlich und kompetent Rede und Antwort stehen.

Und last but not least geht mein Dank auch an Hans-Peter Archner, der die Rubrik »Tatjanas Tiergeschichten« überhaupt ins Leben gerufen hat.

Tatjana Geßler